genderforschung
frauenforschung
frauengesundheit

Rubinrote Zeit –
Beginn der Menstruation
Erinnerst du dich …
Frauen im Alter von 19 bis 90 erzählen
Julia Becket (Hrsg.)
ISBN 978-3-938580-09-7
1. Auflage 2007


DIAMETRIC Verlag
Jutta A. Wilke e.K., Würzburg
Titelgestaltung: Eckhard Hundt, München
Druck: Druckservice EuroPB s.r.o.

Im Namen der Herausgeberin danken wir
Heike Panten und Carolyn Hillyer für ihre Lieder
und die Abdruckgenehmigung

Besuchen Sie uns im Internet
Leseproben und ebooks
www.diametric-verlag.de

Julia Becket (Hrsg.)

# Rubinrote Zeit – Beginn der Menstruation

Erinnerst du dich ...
Frauen im Alter von 19 bis 90 erzählen

DIAMETRIC VERLAG

Für meine Tochter Luisa

gewidmet
meinen Großmüttern Anna und Christine

Tübingen, Oktober 2005
Julia Becket

Die Herausgeberin, Julia Becket, Jahrgang 1965, absolvierte nach einem Grund-Studium in der Theologie, Romanistik und Sozialwissenschaften eine Hebammenausbildung und war zunächst als freiberufliche und angestellte Hebamme im Ruhrgebiet tätig. Heute lebt und arbeitet sie gemeinsam mit ihrer Tochter im schwäbischen Raum.

# EINSTIMMUNG IN DIE RUBINROTE ZEIT

## 01. April – RAUM SCHAFFEN FÜR DAS KOMMENDE

Eine weiße Feder schaut aus meinem Briefkasten heraus: Der erste Beitrag für die Rubinrote Zeit ist da. Ich schaffe Platz, entferne alles, was auf meiner Kommode steht. Hier befindet sich, was mir eine Zeit lang lieb und wichtig ist, woran ich mich erfreue, was mich erinnert an Quellen, die meinem Innersten gut tun und mich lieben lernen.

Jetzt decke ich ein rotes Samttuch aus, belasse lediglich das Räuchergefäß und die kleine silberglänzende Dose mit Deckel, in der sich Hirsemehl befindet. An der Wand ein Lebensbaum-Zweig und ein Schmetterling, den Luisa mal gefaltet hat aus Recyclingpapier mit Fühlern, die in orangefarbene Tropfen münden. Im Eine-Welt-Kalender wechsle ich vom Deckblatt auf den September. Die Farben des grünen Regenwaldes in Vietnam passen wunderbar belebend zum roten Samttuch. Eine Mutter paddelt im Boot, ihr Kind im Tragetuch.

Mutter und Kind gemeinsam im Boot, gemeinsam im Fluss. Sie kennt den Weg, führt und trägt ihr Kind eine Weile, bis die oder der Kleine so weit ist, selbst zu paddeln. In meinem Kontext sehe ich in dem Kind gern eine kleine Tochter und ich freue mich darauf, mit vereinter Frauenkraft und Frauengeschichte über Erinnern und Erzählen ein Stück Frauenkultur zu gestalten. Ich habe mir bekannte Frauen gebeten aufzuschreiben, wie es war, das erste Mal, die erste Blutung, dieser Teil des Frauwerdens, der einen Prozess einleitet, der im Laufe eines Lebens viele Facetten und Farben erfahren wird.

## 08. April – SO UND ANDERS!

Im Bett liegend sehe ich auf das Samttuch und die Konturen eines Drachens heben sich vor dem Buchenholz ab. Der zweite Beitrag ist angekommen, bereits im PC. Gespräche mit meiner Oma, meiner

Mutter und meinen Tanten sind eindeutig: »... das war nichts Schönes, es gehörte halt dazu, ich wollte ja Kinder kriegen, ich war beunruhigt, als mit 15 immer noch nichts passiert war. Dann später wurde meine Gebärmutter entfernt. Da war mit einem Schlag Schluss und da war ich froh drüber ...«

## 19. April –
## ICH BLUTE

Mein Blut fließt, unbemerkt begonnen, zieht es nun meine ganze Aufmerksamkeit und Wärme in mein Becken, mein Kreuzbein ist wohlig durchblutet, gelegentlich zieht es hin zum Rücken oder in die Oberschenkel oder hin zum Schamhügel. Meine Hände und Füße sind eine ganze Weile sehr kalt und da ich die Gelegenheit habe, nutze ich sie, mich hinzulegen und einen langen Mittagsschlaf zu halten. Gewärmt wache ich wieder auf.

Das Ziehen geht weiter, mal mehr, mal weniger. Manchmal kündigt sie sich an, meine Blutung. Dann bin ich Tage zuvor von großem Bewegungsdrang getrieben. Es gibt Zeiten, da schafft sich eine traurige und trostlose Stimmung Raum und ich weine leichter als sonst. Manchmal habe ich auch einen unbändigen Hunger. Oder ich merke daran, dass meine Hände trocken werden, dass die Zeit meiner Blutung nah ist.

## SCHMERZ UND LUST

Ich erinnere mich, dass die ersten Blutungen ganz ohne Schmerzen waren. Erst in dem Alter als ich begann, mit meinem Freund zu schlafen, stellten sich auch Schmerzen ein. Das habe ich dann als schlimm empfunden. Und ich sehnte die Zeit herbei, dass ich mal schwanger wäre und Ruhe hätte von diesen Schmerzen und diesem Leiden. Einmal schlich sich der Verdacht ein, es könnte sein, dass ich all die aufgesparten Schmerzen dann auf einmal bei der Geburt durchstehen müsste und ich wusste nicht mehr, was ich mir wünschen sollte.

Damals hatte ich noch keinen Schimmer davon, dass ich durch allen Schmerz hindurch Geburt als sehr ur-gewaltig und mich als sehr kraft- und lustvoll erleben würde. Heute noch bin ich dankbar, dieses Wunders und Erdbebens teilhaftig geworden zu sein.

Der Schrecken vor einer möglichen Schwangerschaft und das Bangen, kommt mein Blut oder kommt es nicht, hat vermutlich einen Teil der Schmerzen ausgemacht, die mich in dieser Zeit begleitet haben. Eine andere Ursache mag auch das ambivalente Erleben von Sexualität sein, in einer Zeit geprägt von überholten Rollenklischees und inneren Kämpfen.

Schmerzmittel habe ich nicht ausprobiert. Schlafen, Bewegung, Wärme und frische Luft tun mir gut.

Die größte Lust, Sexualität zu leben, habe ich zur Zeit meines Eisprungs und kurz vor der Periode. Wenn mein Blut dann zu fließen beginnt, ist meine Energie anders gebunden. Ich bin dann oft lieber für mich und empfinde, dass es stimmiger ist und sich besser anfühlt, dass das Blut aus mir rauskommen kann, als dass noch etwas oder jemand in mich hineinkommt.Spüre ich die Weite und Geschmeidigkeit meiner Scheide, die ausgebettet ist von einem warmen samtigen Balsam, kommt auch die Lust wieder.

## 20. April –<br>MITTEL UND WEGE

Es kommen Nachrichten aus den verschiedensten Himmelsrichtungen. »Du, die Idee find ich toll, ich habe auch versucht, mich hinzusetzen, aber im Moment ist es nicht geflossen«. Oder: »Du, es geht doch viel langsamer als ich dachte, macht es was, wenn es später wird?«

Ich bin gespannt.

Über die Jahre hinweg habe ich verschiedene Wege beschritten, mein Blut aufzufangen oder fließen zu lassen. Ganz zu Anfang gab es dicke Binden, die das Gefühl von Freiheit und Bewegungsraum einschränkten. Tampons waren mir da schon sympathischer. Ich experimentierte, zu welcher Zeit meiner Blutung ein Tampon wie lange in mir verweilen konnte, lernte, die Schnelligkeit und die Menge des Flusses zu erahnen und mich darauf einzustellen, um regelmäßig festzustellen, dass ich die Menge doch unterschätzt hatte oder die Geschwindigkeit. Lustig in Anfangszeiten, wenn ich beim Herausziehen eines

Tampons feststellte, den vorherigen nicht gezogen zu haben und zwei kamen mir nun entgegen. Weniger angenehm, wenn die Blutung doch schon so gering war, dass der Tampon ziemlich trocken blieb und eher meine Scheidenwände reizte. Schwämmchen gab es zum Sich-Aufsaugen. Die wurden dann am Waschbecken ausgewaschen und wieder eingeführt. Das war billig, ökologisch, sinnlich, aber auch umständlich, bedeutete es doch, mit der Toilette am besten auch ein Waschbecken zur Verfügung haben zu müssen und das war nicht immer gegeben. Binden nahmen verschiedene Formen an, verschiedene Füllmaterialien, bekamen Flügel und wurden immer dünner. Auch Tampons gibt es jetzt ungebleicht und rückstandsfrei.

Eine Zeit lang in meinem Leben habe ich mein Blut in ein kleines irdenes Becherchen fließen lassen, das stand mitten auf einem weißen Tuch auf meiner Kommode und wenn der rote Fluss versiegte, ging ich hinaus in den Garten und habe der Erde mein Blut zurückgegeben. Ich habe es immer an derselben Stelle zurückfließen lassen und dieser Fleck wurde ein besonderer für mich.

Es hat mich sehr fasziniert, wenn in Büchern zu lesen war, Menstruationsblut sei konserviert worden. Das ist etwas, das ich gern genauer wüsste. Was ich in den kommenden Jahren, in denen ich noch bluten werde, gerne machen möchte, ist einen Teil meines Blutes mit Milchzucker zu verreiben und somit ein homöopathisches Eigenmittel herzustellen. Ich bin gespannt vor allem auch auf die Reise, auf die mich das Verrühren schicken wird. In meinem Inneren nähere ich mich dieser Erfahrung und es wächst die Vorfreude auf eine intime ursprüngliche Begegnung mit mir selbst.

## 11. Mai –
## GESPRÄCHE

Die meisten Berichte sind eingetroffen. Junge Frauen haben erzählt, wie es ihnen erging. Ich selbst erinnere mich nicht an Gespräche übers bevorstehende Bluten, aber es hat lange, fast schon ritualisierte Küchengespräche mit meiner Mutter gegeben, in denen sie offen war für alle möglichen intimen und sachlichen Fragen, was Körper und Körperlichkeit anging. Das hab ich sehr genossen, diese Zeit und diesen Raum zu haben.

Auch an ein Gespräch mit meiner Oma mütterlicherseits erinnere ich mich. Sie war sehr aufgeschlossen. Freudig interessiert und mit großen Augen fragte sie mich, ob es denn jetzt auch so sei, dass über diese körperlichen Veränderungen geredet würde. Sie selbst hatte 5 Schwestern, aber es seien nicht die Zeiten gewesen, offen darüber zu sprechen. Sie auf jeden Fall begrüße, dass dies jetzt möglich sei und würde sich freuen, mit mir im Kontakt zu bleiben. Sie war es auch, die mich beruhigte, dass es ganz normal sei, dass meine Brüste unterschiedlich stark wuchsen. Bei ihr sei das auch so gewesen.

Über diesen engen mütterlichen und großmütterlichen Rahmen hinaus gab es jedoch wenig Selbstverständlichkeit. Als Jahre später eine Lehrhebamme in den Klassenraum kam und laut fragte, ob eine von uns einen Tampon dabei habe, sie brauche einen, fand ich das sehr außergewöhnlich und bemerkenswert. Ich habe lange spekuliert, ob sie tatsächlich einen brauchte oder ob dies eine besondere didaktische Maßnahme war, um ein Tabu bewusst zu machen, indem sie es brach.

## SICHTBAR SEIN

Auch war es etwas Besonderes festzustellen, dass eine Freundin auf der Schulabschlussfahrt gar kein Aufhebens um die braunen Flecken in ihrer Unterhose machte. Ich hatte völlig verinnerlicht, dass es ein ungeschriebenes Gesetz zu geben schien, nach dem keinerlei Spuren sichtbar werden dürften. Klar, bei meiner Mutter hatte ich gesehen, wie sie Tampons wechselte, habe sie auch schon mal fluchen hören, dass sie doch eigentlich dachte, ihre Tage seien für dieses Mal vorbei und jetzt sei noch mal ein ganzer Schwall gekommen, der ihren Zeitplan völlig durcheinander brachte, weil sie sich nochmal umziehen musste. Aber das war für mich nie mit einem Bild von blutiger Wäsche oder Ähnlichem verbunden.

Sehr erfrischend war da vor einigen Monaten die Reaktion einer Kollegin, die freundlich protestierend im Stationszimmer stand: ganz in weiße Pflegegarnitur gekleidet, breitete sich unübersehbar im Schritt bis entlang der Oberschenkel ein kräftiges Rot aus. »Ich war gerade zur Toilette. Wieso habt ihr mir nichts gesagt?«, fragte sie vorwurfsvoll lachend und organisierte sich Ersatzkleidung. Kein Weltuntergang. Keine weitere Peinlichkeit. Etwas worüber man lachen kann. Was halt passiert, dazugehört, womit frau umgeht und was dann wieder vorbei ist. Dieses gemeinsame unbeschwerte Lachen war für mich sehr heilsam hinsichtlich des peinlichen Sauberkeitswahns.

## SEHEN

So sehr es wichtig war, dass die anderen nichts mitkriegen, so anders verhält es sich, wenn ich mein Blut für mich anschaue. Wenn ich sehe, wie es aus mir herausfließt, wie Tropfen sich abseilen, wie auf dem weißen Boden der Toilettenschüssel ein marmoriertes Bild entsteht, das ständig in Bewegung ist, sich verändert und dann den Weg in die Tiefe nimmt. Oder wie sich schweres voluminöses Blut sammelt und durch seine Beschaffenheit für mich Reichtum und Fülle ausdrückt. Ich liebe es, mein Blut in seltenen Situationen auf den Waldboden fließen zu sehen oder im Kontrast zum weißen Schnee.

Ein besonders berührendes Ereignis war es, meinen eigenen Muttermund zu sehen. Ich habe damals viel Ehrfurcht und Zärtlichkeit vor meinem eigenen Körper empfunden und war beeindruckt von der rosigen Schönheit, die sich mir offenbarte.

## 18. Juni -<br>FEST IM FLUSS

Luisa hat inzwischen ungeduldig auf ihre nächste Periode gewartet, hat ihre ersten Erfahrungen gemacht mit Binde und Bikini und stolz verkündet:

»Mama, jetzt blute ich ROT!«

Unterdessen entstehen langsam und beständig Bilder zum Übergangsfest. Mit den Freundinnen, mit denen wir in den letzten Jahren immer wieder rituelle Jahreskreisfeste gefeiert haben, haben wir überlegt, dass das Frühjahr eine gute Zeit für dieses Übergangsritual sein wird. Während einer Trance-Reise hatte ich das Bild, dass es Teil des Rituals sein könnte, dass Luisa zunächst in der Kreismitte gehütet wird und von älteren Frauen umgeben ist, diese nehmen ihren Platz auf der Kreislinie ein und Luisa findet dann mit der Zeit dort ihren eigenen Platz.

Dieses Platzsuchen kann damit einhergehen, verschiedene Positionen zwischen verschiedenen Frauen auszuprobieren, kann symbolisieren, dass zu verschiedenen Zeiten verschiedene Frauen mit ihren Geschichten und Eigenarten wichtig sein können, dass ein Platz im Kreis der Frauen nicht statisch zu verstehen ist, dass Bewegung erwünscht ist. Jede der Frauen im Kreis könnte sich vorstellen, mit einer eigenen Geste, ihrer eigenen Stimme, ihrem Solo zur Musik in Form von Lied und/oder Tanz. Und ein tragendes Element soll das Erzählen sein: die Geschichten über das, was jede der älteren Frauen mit ihrer (ersten/letzten) Blutung und mit Frauwerden verbindet und was sie Luisa mit auf den Weg geben mag.

Einen sehr schönen Ritualentwurf habe ich bei Carolyn Hillyer in ihrem Buch *Haus der Frauen - Rituale für den Weg durchs Leben* entdeckt. Hier wird Bezug genommen auf das erste Band zwischen Mutter und Tochter und es wird symbolisch die Nabelschnur nochmals durchschnitten, die Tochter wird in ihren neuen Lebensabschnitt entlassen und in den Kreis der menstruierenden Frauen aufgenommen.

## August - GRENZEN ÜBERSCHREITEN UND BEWAHREN

Ein Anruf aus der Schweiz, Mama ich blute so stark, meine Hose ist ganz nass, ich will nach Hause, ich will jetzt am liebsten bei dir sein. Wir besprechen das Management, Nachschub für weitere Binden, Vorkehrungen für die Nacht, wie viel soll der Patenonkel, mit dem sie im Urlaub ist, mitbekommen, wir einigen uns darauf, dass ich mit ihm rede.

## September - KONKRET WERDEN – DER KREIS SCHLIEßT SICH

Luisas Blutung wird regelmäßig und kräftig, sie hat zunehmend Fragen, sodass ich entscheide, das Ritual doch jetzt schon und nicht erst im Frühjahr zu feiern. Ein kurzfristiger und spontaner Rundruf klärt, dass auch vielen weiter entfernt wohnenden Freundinnen dieser Termin passt. Mir wird etwas mulmig. Ist es wirklich schon so weit, muss dem in Form eines Rituals Ausdruck gegeben werden? Muss ich mich mehr trennen von meinem Kind. Ich fühle mich so betroffen, dass ich zwei von Luisas Patentanten bitte, das Ritual statt meiner vorzubereiten.

Es ist September und die Zeit hat den Blattstand des Eine-Welt-Kalenders eingeholt. So wird es bald ein eigenes Boot für die junge Frau geben. Und das Leben geht weiter und Zeiten verändern sich und wir wandeln uns.

### Oktober - FESTZEIT UND ÜBERGANG

Der definitiv letzte Bericht ist eingetroffen. Übermorgen wird dein Fest sein, Luisa, zwei Tage später wird deine Uroma beerdigt. Ein weiterer Kreis schließt sich. Das Leben geht seinen Lauf und ich freue mich, diesen Übergang bewusst mit dir und anderen Frauen zu begehen, zu gestalten, zu feiern.

Es wird weitergesponnen und gewebt werden und es wird ein Netz entstehen, das über dieses Ritual hinaus trägt, das wünsche ich dir, Luisa.

Ebenfalls über das Fest hinaus bestehen werden die einzelnen Erzählungen, auf die ich jetzt den Blick freigeben mag. Nicht jede Frau ist mit ihrem tatsächlichen Namen genannt.

Bei allen Frauen möchte ich mich von Herzen bedanken für ihre Offenheit und Begeisterung. Reichtum und Vielfalt werden erlebbar. Möglichkeiten Frausein zu leben werden sichtbar, Erfahrungswissen und Weisheiten werden weitergegeben, Verbindungen geschaffen und belebt. Die Rubinrote Zeit zeigt mit jeder Frau ihr Funkeln, auch wenn sie bei anderem Licht betrachtet sehr gewöhnlich zu wirken scheint – und das mag gut so sein.

Schließen möchte ich mit Christinas Worten an Luisa:

Manches
magst du zuerst vielleicht komisch finden
und auch nicht verstehen.
Aber wenn du alle paar Jahre
mal reinschaust,
wird dir wahrscheinlich jedes Mal
etwas anderes Neues auffallen.
Ich wünsche dir,
dass du mit deiner beginnenden Blutung
immer mehr auch dein Leben
als etwas Fließendes und Kraftvolles
verstehen kannst und
stolz darauf bist,
damit beschenkt und
eine Frau zu sein.

# ERINNERST DU DICH ...

## EIN TELEFONGESPRÄCH

»Weißt du noch, wie das war, als du begonnen hast zu bluten?«
»Was?«
»Als du begonnen hast zu bluten. Als junges Mädchen, als du deine Tage gekriegt hast.«
»Ach so! Ich war schon sehr alt, ich war schon 17. Deswegen hab ich sie auch lange gehabt. Augenblick mal, ich glaub bis 56. Ja, das ist, wenn man sie spät kriegt, dann hört man ja auch spät damit auf.
... Nee, ich war auch nicht darauf vorbereitet. Sach man, früher hat man da nicht so viel geredet - heute sind die Kinder ja schon früh aufgeklärt. Sicher, ich hatte all die Mädchen, aber da kann ich dir auch nicht helfen, wie du mit deiner Tochter am besten darüber redest.
... Tante P. bekam sie, da war sie noch in der Schule, da kamen sie gleich so stark, da war dat allet durchs Kleid gekommen. Ich war da auch nicht so, dass ich darüber geredet hätte. Aber es ist auch so, dass die Mädchen das irgendwie von anderen mitbekommen haben, die schon damit angefangen sind. Unsere haben alle spät angefangen. Und spät aufgehört. Tante E. war schon 50, als sie mich fragte, wie lange es bei mir gedauert hätte. Damals gab es gestrickten Stoff vierfach gelegt und zusammengebunden, da waren dann am Ende Schlaufen mit einem Knopfloch, das kam an den Gürtel.

... Ach ja, das war früher alles einfacher. Da hat man sich mit alten Klamotten beholfen. Ich selbst hatte alten Stoff genommen, sach mal so Leintücher, die hab ich dann gefaltet und vorgelegt. Ich hatte auch keine Schwierigkeiten mit Leibschmerzen oder so.

Unsere Mädchen hatten da immer so viel Leibschmerzen, die nahmen dann Tabletten ein. Das ist auch unterschiedlich ...

Kommst du denn nicht mal mit anderen zusammen, die Mädchen haben? Bist du denn damals von der Mutter aufgeklärt worden?

Na, dann haste ja schon nen Rat.«

*Uroma Christine, 96 Jahre*

## WIRSTE JETZT ALLE VIER WOCHEN HABEN

Ich bin heute 88 Jahre alt und als ich Kind war, in den zwanziger Jahren, da sprach man über »so was« nicht. Ich wusste trotzdem schon, was da auf mich zukommt - von der Schule her. Als wir dreizehn, vierzehn waren, da fing das mit der Turnstunde an, dass sich dann jemand setzen mußte und nicht mitmachen konnte. Und dann fragte man natürlich: »Nanu?«, »Warum?«

Auf die Art hat sich eben herausgestellt, was da vor sich geht. Auf die Art bin ich aufgeklärt worden, nicht durch meine Mutter.

An das erste Mal kann ich mich sogar gut erinnern. Ich war so dreizehn, vierzehn vielleicht, als ich am Morgen aufwachte und etwas Komisches, »Dunkles« in meinem Bett fand. Erschrocken bin ich nicht, weil ich ja innerlich darauf vorbereitet war, dass es irgendwann kommt. Meine Mutter sagte nur: »Also, das wirste jetzt alle vier Wochen haben, und das ist nicht weiter schlimm, das haben alle Frauen«. Naja, so fing es an. ... Meine Mutter hatte die Binden selbst genäht aus einem etwas wolligen Stoff. Kurz darauf kamen aber die anderen, die normalen Binden, da sind wir dann umgestiegen. Aber am Anfang hatte ich die selbst genähten. ...

Die Tage zu haben, das war mir immer lästig, weil ich Fahrschülerin war und stets Angst hatte, es könnte ja mal irgendwas passieren - dass man irgendwas sieht und so. ... Peinliches ist mir aber nicht passiert. Ich war immer sehr doll verpackt. ...

*Frau Dr. T., 88 Jahre*

## »MIR IST'S NICHT GUT«

Ich wusste nicht wirklich Bescheid, es war unausgesprochen, und das war für mich auch ziemlich schwierig ... Ganz lang ... habe ich ziemlich Schmerzen gehabt. Mir wurde es schlecht, und ich war einen Tag lang nicht ansprechbar, war halt irgendwie wie weggetreten ... Die Übelkeit und die Schmerzen, das war dann so, da hab ich dann drauf gehen können: also heute kommt sie noch - die Periode. Ich habe dann meistens eine Tablette genommen, wenn ich es kaum ausgehalten habe, dann eine Weile tief und fest geschlafen, und dann wars gut. Es war ... besser, wenn es richtig rausgelaufen ist. Ich habe eine ziemlich starke Periode gehabt, und ich habe sie oft 6 bis 7 Tage lang gehabt. Die langen Tage mit der argen Blutung haben mich oft geschlaucht. ...

Es gab nichts, was ich an der Periode gemocht habe, für mich war es schon lästig. Als ich dann schwanger war, da war es dann nachher vorbei. Bei vielen ist es nicht so, aber ich habe es so empfunden, ich habe tatsächlich während der Periode dann keine Schmerzen mehr gehabt. Bei mir war es dann bloß immer unregelmäßig, mal waren es 30 Tage, dann 32, dann waren es wieder weniger ... Also ich hatte praktisch keine so richtige Kontrolle ...

Wenn ich mit meinen Freundinnen darüber gesprochen habe, dann haben wir es »Periode« genannt oder »meine Tage« hat man auch oft gesagt. Und wenn man ganz schüchtern war, dann: »Mir ist's nicht gut!« ...

Von meinen Töchtern habe ich das auch ziemlich weggehalten. Die haben ja immer das *Bravo*-Heftchen gehabt. Da habe ich dann auch mitgeblättert und da ist das ja auch beschrieben gewesen. Und ich hab es dann auch gemerkt, wenn es losgegangen ist, weil beide Schmerzen hatten, grad, wenn sie ihre Tage gekriegt haben. Ich kann mich tatsächlich nicht mehr so erinnern, ob sie mich gefragt haben.

*Frau R., 70 Jahre*

## EIN SCHIFFCHEN AUS STOFF

Ich erinnere mich nur vage, vielleicht kam ich aus der Kirche, als ich bemerkte, dass Blut in meinen Hosen war. Von meiner Mutter habe ich ein Schiffchen aus Stoff bekommen, manchmal gab es dazu einen Gummischutz. Die Binden wurden in einem Wassereimer getränkt und eingeweicht.

Durch diese Art von Binden war das alles nicht so angenehm. Sie verstärkten das Gefühl, unangenehm zu riechen und ich meinte, alle anderen müssten das auch riechen und deshalb vermied ich es, in Gesellschaft zu sein während meiner Tage.

Es hieß auch, dass Frauen zu dieser Zeit keine Einmachgläser einkochen dürften, die gingen wieder auf und die Arbeit sei umsonst. Und ich erklärte mir, dass menstruierende Frauen etwas ausdünsten müssten oder in ihrem Atem haben, das sich mit dem Vakuum nicht vertrug.

Seine Tage zu bekommen, gehörte einfach zum Älterwerden dazu und ich habe es nicht als Schritt zur Frauwerdung eingeordnet. Es musste sein, war aber nicht unbedingt etwas Erfreuliches. Es wurde auch nichts beredet. Ich hatte keine Schmerzen dabei, Sex wäre mir zu ekelig gewesen und für die Frau ist das Risiko einer Infektion ja auch größer als zu anderen Zeiten. Es wurde in diesen Tagen nicht groß herumgebalgt, gerannt oder getobt. Ich weiß auch bis heute nicht, wie die Spitzensportlerinnen das handhaben, die Schwimmerinnen zum Beispiel.

Mit knapp 40 Jahren stellte der Arzt, den ich aufgrund von ständigen Rückenschmerzen aufsuchte, eine Gebärmuttersenkung und ein Myom fest. Die Gebärmutter wurde entfernt und danach war ich befreit. Es gab keine Probleme mehr mit Ausgehen oder Sex, obwohl die Zeit der Karenz auch etwas Luststeigerndes hatte.

Liebe Luisa, ich wünsche dir, dass du einen guten Start in die Entwicklung zur Frau hast, begleitet durch deine Mama. Hast du denn schon mal einen Selbstverteidigungskurs mitgemacht? Wenn du in das Alter kommst, wo die Jungen dich begrabschen wollen, also mir hat da in so einer Situation mal geholfen, sie blöd anzumachen: »Boa, watt seid ihr mutig: Drei gegen eine - müsst ihr Angst haben!«

Das hat damals gewirkt!

*Deine Oma Barbara, 60 Jahre*

## WARME HERZLICHE GRÜßE

Die Idee mit dem Buch spricht mich sehr an, finde ich genial. Ich hab versucht, einen Einstieg zu finden, etwas auszudrücken. Es ist mir irgendwie nicht gelungen. Ich glaube, meine Energie ist im Moment auf anderen Ebenen zugange.

Die »Drachinnengesänge« von Saheta S. Weik kennst du ja, oder? Ich mag das Buch zu diesem Thema sehr.

Ein ganz wunderschönes, kraftvolles Fest wünsch ich euch! Warme herzliche Grüße an Luisa!!

*Ellen, 50 Jahre*

## EIN KLEINES GEHEIMNIS

Ich war 13 und in den Oster-Ferien bei meiner Oma auf dem Land. Mein Bauch tat weh. Krämpfe, die ich vorher noch nicht hatte. Ich musste mich hinlegen. Meine Oma setzte sich zu mir und strickte. Es hörte nicht auf. Irgendwann fragte sie mich: »Wie alt bist du eigentlich jetzt?« Ich beantwortete ihre Frage und fragte, warum sie das wissen wollte. Sie sagte »Nur so!« Mehr nicht.

Als ich auf die Toilette ging, sah ich in meiner Unterhose ein paar Tropfen Blut. Keiner hatte mir vorher was gesagt, und doch wusste ich – woher auch immer – was das war. Meine erste Blutung! Es war nicht viel, und ich kam gar nicht auf die Idee, mir Binden oder etwas anderes in die Unterhose zu legen. Nach drei Tagen waren Bauchschmerzen und Bluttröpfchen vorbei.

Meine Schwester ist drei Jahre älter. Also musste sie auch schon ihre Blutung haben. Erzählt hatte mir keiner davon. Nur ab und zu lag sie im Bett und ich bekam keine Auskunft, was sie habe, oder warum sie nicht mit schwimmen ging. Ich sollte sie eigentlich nur in Ruhe lassen. Das fand ich immer doof.

Als mich meine Eltern abholten aus den Ferien, sagte ich ihnen nichts, wie ich auch meiner Oma nichts gesagt hatte. Wenn sie mit mir nicht darüber redeten, tat ich es mit ihnen auch nicht! Ich fühlte mich, als hätte ich ein kleines Geheimnis. War auch etwas stolz. Dann hab ich das Ganze wieder vergessen und mir auch keinen Kopf darüber gemacht, ob und dass es noch mal wiederkommt.

Das zweite Mal kam im Frühsommer. Es war noch kühl. Aber es kam nicht nur tröpfchenweise, sondern es kam sehr viel Blut. Wir waren gerade mit einer befreundeten Familie an der Ostsee. Das Spiel-Boot des Jungen der Familie trieb ab. Ich krempelte mir die Hosenbeine hoch und stampfte dem kleinen Boot hinterher, um es aufzuhalten. Das Boot segelte immer weiter hinaus. Schließlich konnte ich es ergreifen, meine hochgekrempelten Hosenbeine waren allerdings bereits im Wasser, und das Wasser verteilte gleichmäßig mein Blut die Beine herunter. Es sah schlimm aus. Ich ging zu unserem Ferienhaus.

Meine Mutter stand mit dem Rücken zu mir, kramte im Koffer herum und rief mir rückwärts zu »Was ist?« »Ich brauche eine Binde!«, sagte ich selbstverständlich. Sie drehte sich rasch um und schaute an mir und meinen blutverschmierten Beinen herunter und sagte etwas wie »Ach Gott!« Sie gab mir eine Binde, sonst nichts. Ich behielt die nassen, schmutzigen Kleider an und fror.

Dann musste sie es meinem Vater gesagt haben. Wir reisten kurz darauf vorzeitig ab. Die andere Familie war ganz verstört deswegen, weil sie nicht wussten, warum wir so plötzlich abreisten.

Mein Vater sprach kein Wort mit mir und sah mich nicht an. Ich saß bibbernd im Auto hinten, immer noch mit nassen, blutverschmierten Kleidern, der Binde zwischen den Beinen, hatte Bauchschmerzen, und alle schienen mich zu bestrafen, weil ich eine Frau geworden war: Mein Vater, der nicht mit mir redete und mich nicht anguckte, der abgebrochene Urlaub ... Keiner, der sich darüber freute oder stolz war. Mir ging es elend und ich kam mir vor, als hätte ich etwas Schlechtes getan, dabei war ich nur zur Frau geworden.

Jetzt bin ich in der Mitte meines Lebens oder wahrscheinlich schon darüber hinweg. Ich habe drei große Kinder und ein Enkelkind. Meine Blutung, die immer noch jeden Monat da ist, ist mir willkommen. Sie zeigt mir, dass mein »Motor« noch läuft und ich, wenn auch immer weniger, fruchtbar bin.

Meine Kinder haben das ganz normal mitbekommen, meine Männer auch. Mein Sohn hat mir Binden ins Klo gebracht, wenn ich welche brauchte und grad keine greifbar waren ...

Das Kinderkriegen, Bluten, Fruchtbarsein gehört einfach zu meinem Leben dazu und so ist es richtig. Ich war immer neugierig, was die Blutung angeht. Ich gucke mir an, was rauskommt, ich nehme es in die Finger, ich rieche daran, ich staune. Geekelt hat mich das noch nie. Ich gehöre nicht zu den Frauen, die es verstecken, verbergen, nicht darüber reden. Ich habe auch schon meinem Frauenarzt etwas in die Praxis mitgebracht zum Angucken, als so dicke Klumpen Blut austraten.

Manchmal habe ich vor der Blutung Hunger auf Süßes. Mehr als normalerweise. Manchmal habe ich schlechte Laune, dass ich mich streite oder was kaputt werfen muss. Manchmal fange ich an zu heulen ... Im günstigsten Fall bekomme ich einen Putzfimmel oder ich räume meine Wohnung um.

Was ich jungen Frauen mit auf den Weg geben möchte?

Freue dich darüber, wenn es soweit ist und sei stolz darauf. Auch, wenn es vielleicht manchmal weh tut. Aber je mehr du dich darüber freuen kannst, desto leichter ist es. Und es ist auch wunderschön, solltest du einmal Kinder bekommen. Anstrengend, schlimm, aber auch immer wieder wunderschön.

*Franziska, 43 Jahre*

## ZWEI WÜNSCHE FÜR ALLE NACHFOLGENDEN JUNGEN FRAUEN

Vor ca. 30 Jahren auf dem Nachhauseweg aus der Kirche, richtete meine Mutter das Wort mit der Feststellung an mich, dass ich nicht erschrecken müsste, wenn irgendwann mein Höschen rot würde. Ich verstand nicht – was wollte sie mir sagen? Sie holte etwas weiter aus und knüpfte an der Tatsache an, dass doch meine großen Schwestern jeden Monat bluteten.

Meine Mutter sprach ein Thema an, das ich vor Jahren bereits mit meiner Patin besprochen hatte. Damals auf einem Einkaufsbummel in der Stadt packte meine Patin diverse Schachteln »o.b.« in ihren Einkaufskorb und fragte mich, ob ich wüsste, wofür die wären. Als sie merkte, dass ich schwieg, erzählte sie mir auf eine lockere und solidarische Art, wofür die Blutung wäre und wie man sich auf eine angenehme Art sauber halten konnte.

Was mich bei diesem Gespräch am meisten freute, war ihre selbstverständliche Art, wie sie über diese Dinge sprach. Ich fühlte mich ernst genommen, bekam den Eindruck, ich würde irgendwie innerlich wachsen. Es war die Solidarität zwischen Frauen, die ich da das erste Mal erfahren hatte, obwohl ich die Tage noch nicht hatte. Dass ich sie kriegen würde, das wäre nur eine Frage der Zeit, wie meine Patentante zuversichtlich meinte. So war es für sie eine Selbstverständlichkeit, dass auch ich eine Frau war. Mich beruhigte ihre Gewissheit, dass ich zumindest eine werden konnte. Als sie mir dann noch eine angefangene Packung »o.b.« schenkte, mit dem Auftrag, ich sollte diese einfach zwischen Pippiloch und da, wo ich Gaggi machte, mal ausprobieren, - es dürfte nur nicht weh tun, dann passt es schon, fühlte ich mich zwar etwas beschämt und doch reich beschenkt.

Als es dann so weit war und ich nach einem Mittagessen tatsächlich Blut in meinem Höschen entdeckte, fühlte ich mich sehr verbunden mit meiner Patentante.

Zwei Wünsche für alle nachfolgenden jungen Frauen:

Die Verklemmtheit meiner Eltern hat sich in den ersten Jahren stark auf mich übertragen und sich als Verdrängung meiner Weiblichkeit mit enormen Schuldgefühlen hinsichtlich meiner Lust ausgewirkt.

Ich möchte alle jungen Frauen dazu ermutigen, dass sie sich dem Erwachen ihrer Körperbedürfnisse liebevoll annähern, diese genießen und pflegen können, d. h. sich nicht all zu sehr von den Normen der Außenwelt bestimmen und manipulieren lassen. Sondern sich stattdessen Zeit zu schenken, sich mit dem eigenen Körper selbstbewusst und achtungsvoll zu entdecken, im Sinne von: Wenn ich mich selber gut kenne und Freude an mir und meinem Körper habe, bin ich bereit, einen anderen Menschen achtungs- und liebevoll zu entdecken.

*Barbara, 43 Jahre*

## DIE ZEIT DES BLUTENS IST DIE ZEIT DER KÖRPER-MAGIE

Es war um Wintersonnwende 1975, ich wollte ins katholische Gemeindezentrum zur Weihnachtsfeier für Kinder und Jugendliche. Statt mich auf die Feier zu freuen, schmerzte mein Unterleib. Krämpfe erschütterten meinen Körper.

Ich blutete zum ersten Mal. So hatte ich es mir nicht vorgestellt. Seit einigen Monaten war ich immer zu meiner Mutter gelaufen, wenn in meinem Urin etwas Rotes war. Doch meine Mutter meinte nur, das kommt von den roten Rüben. Nun bekam ich den Tipp, mich mit einer Wärmeflasche hinzulegen oder meine Tante meinte, Schnaps würde auch helfen.

Verspätet machte ich mich dann doch noch auf den Weg zur Feier mit einem neuen Körpergefühl.

Drei Monate später hatte ich zum ersten Mal die Gelegenheit, mit anderen LeichtathletInnen aus dem Verein in die Sauna zu gehen. Gerade da blutete ich wieder. Meine Mutter meinte, da gibt es so Tampons, meine Schwester solle mir zeigen, wie ich sie benutzen kann. Ich hatte dieses harte Watteteil in meiner Hand und konnte mir nicht vorstellen, wo ich damit hin sollte. Meine Schwester hatte mir wohl irgendwas erklärt, doch ich verstand es nicht. Ich rannte wieder zu Mutter. Ein Loch sollte es da unten geben. Ich fand es nicht. Hatte ich überhaupt eines? Natürlich stellte ich mich wieder dumm an. Doch endlich war es entdeckt und ich mühte mich mit dem Watteteil ab, es zu platzieren.

Nachdem ich mich an die Tampons gewöhnt hatte, fand ich sie eine feine Sache. Ich konnte damit schwimmen, laufen und sie hielten ganz gut dicht. Die anderen Mädchen, die sich während ihrer Menses vom Sport abmeldeten, konnte ich nicht verstehen. Na gut, manchmal hatte ich auch die lästigen Krämpfe. Doch mir half, mich zu bewegen.

Ein Jahrzehnt später las ich mit Begeisterung das Buch »Weiße Wunde Menstruation ...«. Endlich fand ich Kultur- und Frauengeschichtliches über das Bluten und meine eigenen Erfahrungen spiegelten sich in den Geschichten von anderen Frauen wider.

Bei einem Studi-Job als Werbedame verteilte ich einige Wochen lang in Supermärkten die neuen Binden in Einzelverpackung. Wieder sorgten die Männer dafür, dass die Binden mit Blut nicht sichtbar sind, schnell verschwinden, dass Frauen diese besondere Zeit als Makel empfinden.

Wieder fast ein Jahrzehnt später, als ich die Tampons gegen das Schwämmchen austauschte, entwickelte ich ein neues Gespür für mein eigenes Blut. Plötzlich hatte ich alle 3 ½ Wochen mein Blut an und in den Händen. Beim Auswaschen des Schwämmchens rann es mir zwischen den Fingern hindurch und ich spürte die Wärme meiner Vulva noch im Blut. Da entdeckte ich meine Lust, mit meinem Blut schöpferisch zu sein.

Wenn ich sage, ich blute, verstehen mich manche nicht oder übersetzen es: Ah, du hast deine Tage.

Selbst in der Sprache wird Blut ausgetilgt, ersetzt durch einen schönen Begriff.

Blut ist einfach da, gehört zum Lebensrhythmus von Frauen und ist das Leben, das Frauen geben. Die Zeit des Blutens kann eine Kraftquelle für Frauen sein. Immer, wenn ich mit Freundinnen oder Bekannten darüber rede, höre ich ihr Klagen und Stöhnen über ihre Schmerzen vorher oder während ihres Blutens. Wie viele Tabletten sie dagegen nehmen, was sie alles schon ausprobiert haben, was geholfen hat. Selten hat mir eine erzählt, welche wunderbaren Träume oder Visionen sie in dieser Zeit hat, wie kraftvoll und offen sie ist oder welche besonderen Fähigkeiten sie gerade da spürt.

Inzwischen treffe ich Freundinnen, die ebenfalls mit Blut malen. Eine bemalt ihre Ritualgegenstände, zeichnet sie damit und schützt diese gegen fremde Energien. In Blut zu baden ist für eine andere ein kräftigendes Ritual. Der Körper ist gerade in der Blutzeit sensibel und ein offener Kanal. Frauen handeln anders, sind körperbewusster, können sich leichter mit anderen Kräften verbinden.

Das Blut, das in mir monatlich fließt, ist Leben, Leben schaffend. Ich bin in den Kreislauf der Natur verwoben. Das Blut der Frauen ist verbindend. Wenn Frauen gemeinsam leben, schwingen sie sich aufeinander und bluten gemeinsam. Im Rhythmus der Mondin, im Rhythmus der Gezeiten öffnen sich meine Schleimhäute in der Gebärmutter und geben den Nährgrund des Lebens frei. Jedes Bluten ist Loslassen und Neuwerden, die Chance zum Wachsen.

*Brigitta Maria, 41 Jahre*

## MEIN ZYKLUS, MEIN RHYTHMUS

Wie begann es?

Die Erinnerung ist ziemlich verschwommen. Da ich in einer Familie mit drei Schwestern aufgewachsen bin und ich von uns vier Töchtern die zweite bin, wusste ich auf jeden Fall, dass irgendwann etwas kommen wird. Was und wie es kommt, war mir nicht klar.

Meine Mens, so nenne ich sie, habe ich schon mit 11 Jahren bekommen, überhaupt war ich von meiner körperlichen Entwicklung her schon sehr frühreif. Meine Brust war schnell sehr groß, was mich eher beschämt hat, ich wurde deshalb auch immer wieder von den Jungs gehänselt, was meine Scham natürlich nicht gemindert hat.

Meine Mutter ist mit ihrer Periode einerseits sehr offen umgegangen. Es lagen immer wieder blutige Nachthemden oder Unterwäsche im Bad, auch beim Bettenmachen gab es hin und wieder einen Blutfleck auf dem Bettlaken. Ich habe auch immer wieder gesehen, wie meine Mutter ihre blutigen Binden zum Entsorgen in Zeitungspapier eingewickelt hat. Es war nicht ekelig besetzt, immerhin ...

Ich kann mich an eine Diskussion mit meiner Mutter erinnern, ob Tampons oder Binden zu verwenden wären, weil Tampons eindeutig teurer waren ... Binden waren für uns Ältere ekelig. Na ja, es war klar, dass dies unsere jüngeren Schwestern natürlich übernehmen und dann war der Kostenfaktor vielleicht schon ein Grund, aber wir haben dies einstimmig abgelehnt. Diese Diskussion zeigt jedoch, dass wir schon darüber geredet haben, aber nicht über Vor- und Nachteile für das körperliche Befinden, sondern über die Kosten. Heute verwende ich übrigens wieder Binden. Vor 10 Jahren ungefähr konnte ich keine Tampons mehr leiden, es ist mir viel angenehmer, das Blut aus mir herausfließen zu lassen, zu sehen, wie viel ich blute ...

Es ist so, dass meine Mens für mich etwas sehr Strukturierendes hat. Mein Zyklus, mein Rhythmus. Am besten fühle ich mich in meiner ersten Zyklushälfte. In dieser Zeit habe ich viel Energie und fühle mich auch körperlich sehr wohl. Meine sexuelle Lust wird immer stärker, ich werde immer lustvoller. In der zweiten Zyklushälfte wird diese

Lust immer weniger und ich werde zunehmend träger, mein Körper fühlt sich eher schwer an. Hin und wieder ist dies auch mit einer großen Esslust verbunden, ich mag mich in dieser Zeit eher nicht. Nicht immer gleich ausgeprägt, da gibt es natürlich Schwankungen. Meine Mens bekomme ich sehr regelmäßig sogar der Zeitpunkt, wann die Blutung beginnt, ist meistens der gleiche, nämlich morgens kurz vor dem Aufstehen. Das ist seit einigen Jahren schon der Fall, früher konnte meine Mens zu jeder Tageszeit beginnen, was mir dann oft unangenehm war ...

Zum Glück hatte und habe ich keine starken Beschwerden während meiner Mens, auch blute ich nicht sehr stark und auch nicht sehr lange, in der Regel 3 - 4 Tage. Was ich sehr deutlich spüren kann, ist mein Eisprung, manchmal sogar mit einem stärkeren Ziehen als bei der Periode.

Mir hätte es gut getan, bei dem Übergang vom Mädchen zur Frau mehr von meiner Mutter gestärkt zu werden. Ermutigung dafür, mein Eigenes zu suchen. Informationen darüber, was in meinem Körper zu diesem Zeitpunkt passiert. Dass die Fruchtbarkeit auch eine Kraft bedeutet und nicht nur von diesem »werde aber ja nicht schwanger« überschattet gewesen wäre. Mit mir über Verhütung gesprochen worden wäre. Ich hätte gerne etwas über Gefühle erfahren, vielleicht gerade über die Gefühle meiner Mutter. Wie es ihr gegangen ist, als sie sich das erste Mal verliebt hat, als sie mit mir schwanger war oder bei meiner Geburt. Ob sie vielleicht einmal mit einem Mann geschlafen hat und dies gar nicht so richtig wollte. Ich hätte mir gerne eine Stimmung gewünscht, in der ich all diese Fragen hätte stellen können.

Einige Fragen habe ich dann sehr viel später gestellt und das ist auch ganz unkompliziert gegangen, es gibt aber bis heute Teile, über die wir nicht reden, aber vielleicht ändert sich das ja nach diesem kleinen Bericht über »meine Mens« ...

*Brunhild, 41 Jahre*

## HILFE, ICH BLUTE AUS MEINEM BAUCH RAUS!

Ich war gerade noch 12 Jahre alt, als ich eines nachmittags zu Hause, damals als ich noch bei meinen Eltern »zu Hause« war, auf der Toilette saß und einen mächtigen Schreck bekam: Es war rotes Blut in meinem weißen Schlüpfer. Oh Gott, dachte ich, was ist passiert, warum blute ich denn aus meinem Bauch raus?

Was ist passiert?

Ich entschied mich dazu, meine Mutter zu befragen. Ich rannte den Gang entlang und rief aus vollem Halse nach ihr. Ja, ja sagte sie, darauf hab ich schon gewartet, zog mich an der Hand in ihr Schlafzimmer. Dort öffnete sie die Schranktür, in der die akkurat gemangelte und zusammengelegte Bettwäsche unseres Haushalts aufbewahrt wurde und zog aus einem Versteck eine Packung.

Es war mir seltsam zumute. Meine Mutter hatte gewusst, dass ich irgendwann mal aus dem Bauch blute, hatte schon darauf gewartet und dafür was gekauft, aber warum hatte sie mir das nie vorher gesagt? Die ganze Situation hatte etwas Besonderes für mich ... Dann holte meine Mutter aus ihrer geheimen Schublade, an die wir Kinder nicht durften, eine Hose.

Es entpuppte sich als eine mit Plastik bezogene Unterhose mit Schlaufen dran. Aus dem Päckchen, das sie zuvor aus dem Schrank geholt hatte, zog sie eine Binde ... Nein, keine für Verletzungen, wenn man/frau normal blutet, sondern eine ganz andere.

Aber darüber brauche ich euch ja nichts zu erzählen, die kennt ihr ja alle. Nicht? Nein? Na dann aber ab mit dir, such dir eine Frau, mit der du gut reden kannst und frag die mal über Binden und Menstruation aus.

Die anderen können schon mal weiterlesen.

Na ja, sie zeigte mir, wie ich diese Monatsbinde in die Hose pfriemele. Ab da hatte ich einige Jahre lang diese Plastikslips an, die waren ganz schön unbequem und ließen mich nicht vergessen, dass ich meine Periode hatte. Für die Schule mussten wir ein kleines Vokabelheft anlegen. Wenn wir unsere Tage bekamen, mussten wir das Datum reinschreiben, von der Mutter unterschreiben lassen und es dann im Sportunterricht, wenn wir nicht mitturnen konnten, der Sportlehrerin zeigen. Dieses Heft führe ich heute immer noch, ansonsten wüsste ich den Tag meiner allerersten Blutung heute nicht mehr.

Als ich noch bei meinen Eltern gelebt habe, musste ich immer alles im Verborgenen tun, d. h., es durften nirgends im Bad oder WC Binden, schon gar keine benutzten, liegen bleiben, denn ich hatte nur Brüder und einen Vater, und die durften das auf keinen Fall mitbekommen ... Deshalb genieße ich es sehr, in meinem jetzigen Leben meine Binden und Slipeinlagen auf der Toilette haben zu können. Natürlich gibt es da einen Mülleimer. Ich gehe offen mit dem Thema um und das tu ich gern.

Da ich im Laufe der Jahre für meinen Monatszyklus ein Gefühl entwickelt habe, kann ich mich ganz gut lassen und im Zyklus leben. Schön wäre es schon, wenn es einen Rückzugsort für blutende Frauen geben würde. An dem Ort würde die Zeit langsamer laufen, es gäbe viele Decken, Wärmflaschen und eine Vorleserin und im Sommer einen geschützten Platz zum Draußensein. Das Bluten hat mich mit der Zeit zur Frau reifen lassen, es ist ein für mich wichtiger Bestandteil des Frau-Seins. Es verbindet uns Frauen, junge und alte.

Ich wünsche mir für alle Mädchen ein Fest zu Ehren ihrer ersten Blutung, Frauen, die sie in der Übergangszeit begleiten und die ein offenes Ohr für alle Fragen und Unsicherheiten haben.

Ich wünsche mir, dass jede junge Frau für sich einen eigenen Weg im Umgang mit der Blutung finden kann. Dass das Bluten, Menstruieren, Die-Periode-Haben, zumindest unter uns Frauen ein offenes Thema sein kann. Die Blutung soll Farbe bekommen, nicht länger klinisch rein, weiß und geruchlos sein, sondern so bunt und verschieden, wie jede einzelne Frau, jedes einzelne Mädchen.

*Barbara, 40 Jahre*

## »SPÄTZÜNDERIN«

Ich war bereits 16 Jahre alt, als ich zum ersten Mal »meine Tage« bekam. Bis dahin war mein Gefühl ein zweifelndes Fragen:

»Bin ich noch normal, wenn ich noch nicht blute, oder bin ich krank?«, und die Versicherungen meiner Mutter:

»Das kommt noch früh genug. Sei froh, das ist doch ziemlich lästig!«, haben mich nicht sonderlich beruhigt.

Jedenfalls musste ich zum Frauenarzt, um mich untersuchen zu lassen. Ergebnis: Alles in Ordnung - organisch gesund. Ich war eben eine *Spätzünderin*.

Irgendwann war »sie« dann einfach da. Ich habe mich nicht erschrocken, schließlich war ich vorbereitet. Es blieb einfach unspektakulär. Alles im »grünen Bereich«.

Nun hatte ich sie also auch, ich war also doch normal.

An andere Gefühle kann ich mich nicht erinnern, denn die Einstellung meiner Mutter lautete: Wieso Aufhebens um etwas so Alltägliches machen?

Genannt haben wir die monatliche Blutung zu Hause »die Tage«. Mir kam es immer als Vermeidung vor, nur ja nicht sagen, dass es etwas mit Blut zu tun hat.

Klinisch rein empfand ich auch die Bezeichnung »Menstruation«, von mir so weit entfernt, auf Distanz haltend. Heute finde ich es klasse und habe »meine Tage«, im wahrsten Sinne des Wortes.

Mein Körper rückt in den Vordergrund, ich tue ihm und mir etwas Gutes. Immer einige Tage bevor die Blutung beginnt, bekomme ich Lust auf Schokolade. Sobald leichte ziehende Bauchschmerzen den Beginn der Blutung ankündigen, gehe ich, wenn es irgendwie machbar ist, mit Wärmflasche ins Bett, kuschele mich ein, schlafe ein Stündchen ... und dann »fließt es«.

Ich hatte eigentlich nie besondere Schwierigkeiten mit »meiner Mens« (wie ich sie heute manchmal fast zärtlich nenne).

Meine Mutter dagegen hat mir von ihrem Leiden erzählt, wie hundeelend sie sich immer fühlte, wie sehr sie brechen musste, welch starke Krämpfe sie hatte und dass sie manchmal dachte, sie müsste sterben.

Das hätte sich erst mit der Geburt der Kinder geändert und diese Geburten seien, das hätte ihr niemand geglaubt, ein Kinderspiel gegen ihre Menstruationsbeschwerden gewesen.

*Ulrike, 40 Jahre*

## MEINE ÜBERGANGSZEIT

In unseren modernen Gesellschaften gibt es einige Themen, mit denen die von uns als »primitiv« bezeichneten Völker viel natürlicher umgehen als wir. Dazu gehören wohl alle Zeiten im Leben eines Menschen, die man als Übergangszeiten bezeichnen kann: die Geburt, das Erwachsenwerden, der Tod.

Solche Momente werden in der Regel von einem oft sehr ausgedehnten Fest begleitet, um allen den neuen Status bekannt zu geben. Aber auch, um der neuen Situation ihren Schrecken zu nehmen und die Identität zu stärken. Beim Tod für die Hinterbliebenen, aber auch für die Toten, die eine lange, gefahrvolle Reise antreten müssen. Beim Erwachsenwerden für die Jungen und Mädchen, die Mädchen mit der Periode, die Jungs bei der Beschneidung. Aber natürlich auch für die Älteren, die plötzlich Konkurrenz bekommen.

Meine Übergangszeit in den modernen 70er Jahren war ganz schön primitiv, was daran liegen mag, dass meine Eltern nicht zu den 68ern gehört haben, sondern wohl eher zu der verklemmten Generation davor.

Meine Periode war eines Tages nicht einfach da, nein, es gingen ihr einige demütigende Ereignisse voraus. An die genaue Chronologie kann ich mich nicht mehr erinnern, nur daran, dass sie kein gutes Licht auf die kommunikativen Fähigkeiten meiner Eltern werfen (eigentlich wollte ich schreiben »meiner Mutter«, aber wieso sollte ich meinen Vater so einfach aus seiner aufklärenden Verantwortung entlassen).

Offensichtlich waren meine Schulfreundinnen vor mir aufgeklärt worden, auch was das Thema Menstruation betraf, denn ich kann mich noch erinnern, dass eines Tages dieses Thema zur Sprache kam und ich mich ganz klein und unscheinbar machen musste, weil ich darüber nicht Bescheid wusste.

Meine Freundinnen zu fragen, traute ich mich auch nicht, meine Mutter zu fragen, schon gar nicht.

Dann kam der Tag, als im Biologieunterricht der 5. Klasse das Thema Sexualität auf dem Programm stand. Wir mussten als Hausaufgabe eine Schnittzeichnung der männlichen und weiblichen Geschlechtsorgane machen, was meine Mutter in einer gewissen Panik dazu veranlasste, jetzt den richtigen (und für sie unausweichlichen) Zeitpunkt gekommen zu sehen, mich in alle Geheimnisse einzuweihen. Ich habe ihr glaubhaft versichert, Bescheid zu wissen und sie hat das Thema relativ schnell beendet.

Eines Tages hat mir meine Mutter jedenfalls ein kleines Aufklärungsheftchen der Firma o.b. und ein Päckchen Tampons in die Hand gedrückt mit der Aufforderung, mir das mal anzusehen.

Irgendwie hat das Thema Sexualität und alles was dazu gehörte in meinem Elternhaus eine sehr verklemmte Atmosphäre erzeugt.

Der Höhepunkt der Peinlichkeit war jedoch eines Tages beim gemeinsamen Fernsehen erreicht, als mein zwei Jahre jüngerer Bruder plötzlich ganz aufgelöst ins Wohnzimmer stolperte, in der Hand eine blutige Binde, die er aus dem Mülleimer in der Küche gefischt hatte. Er wollte wissen, was das denn sei und ob jemand verletzt sei. Meine Mutter sprang wie von der Tarantel gestochen auf und zog meinen Bruder aus dem Wohnzimmer. Mein Vater und ich saßen wie zu Salzsäulen erstarrt auf dem Sofa ...

Mit 13 ½ war es für mich schließlich so weit, ich kann mich noch bildlich daran erinnern, wie ich auf dem Klo saß und einen verräterischen Fleck in meiner Unterhose entdeckte.

Es war Winter und ich nahm mit Freundinnen an einem Skikurs teil. Die Zeit drängte also und ich rief meine Mutter, um ihr zu sagen, dass ich meine Tage hätte. Sie kam und wollte wissen, wo ich die Tampons hätte, die sie mir vor einiger Zeit gegeben hätte. Die waren schon lange nicht mehr vorhanden, denn irgendwie hatte sie mein Bruder in die Finger bekommen und dabei zugeschaut, wie sie sich im Klo mit Wasser vollgesaugt haben.

»Ja, was glaubst du denn, was du ohne diese Dinger tun kannst«, die Unfähigkeit meiner Mutter, mit dieser Situation umzugehen, entlud sich über mir. Schließlich hat sie mir ein paar Binden gegeben. Damit war das Thema für sie erledigt.

Meine Tage bekommen zu haben, war für mich kein Grund, stolz zu sein, ich habe es auch meinen Freundinnen nicht erzählt, erst viel später, als alle ihre Tage hatten, musste ich es dann auch »zugeben«.

Also, durch ein Fest wurde diese Zeit für mich leider nicht markiert, vermutlich stecke ich heute noch in einer Identitätskrise.

*Inga, 40 Jahre*

Mit 14 Jahren habe ich meine 1. Blutung bekommen. Ich kann mich nicht daran erinnern, dass ich von meinen Eltern darauf vorbereitet wurde. Persönliche oder intime Dinge waren kein Thema bei uns. Die Zeitschrift *Bravo* war mein Begleiter und Gespräche mit Freundinnen bereiteten mich vor ...

Durch die Ausbildung zur Hebamme konnte ich mich erstmals bewusst mit dem Bluten auseinandersetzen. Ich durfte es als etwas Schönes erfahren und vor allem, wie mein Empfinden während der Blutung oder auch des Eisprungs von meiner Liebe zu mir, meinem inneren Zufriedensein abhängt.

Was mich noch immer sehr fasziniert und beeindruckt, ist, wie wunderbar alles bei uns Frauen aufeinander abgestimmt ist und wie klar wir das spüren können.

Viele Jahre hatte ich sehr unregelmäßige Zyklen und dennoch war immer sehr deutlich zu spüren, wo im Zyklus ich mich befand. In dieser Zuversicht habe ich 5 Kinder geboren und einige Erfahrungen mit indianischen Traditionen gemacht.

Bei den Natives nennt man die Frauen in dieser Zeit des Blutens »Mondfrauen«. Diese Mondfrauen werden besonders geschätzt, da alle wissen, dass die Frauen in dieser Zeit in ihrer höchsten spirituellen Kraft sind. Diese Frauen feiern extra für sich Schwitzhütten und sind auch sonst zusammen. Oft wird das Blut bewusst Mutter Erde geschenkt. Ein Teil von uns, eine Kostbarkeit zum Geschenk unserer uns nährenden, tragenden Mutter Erde.

Dieses Bewusstsein trage ich in mir und lebe es insofern, dass ich darauf schaue, es mir an diesen Tagen ruhiger und gut gehen zu lassen. Es gelingt mir nicht immer, aber allein dieses Wollen, Sehnen und Wissen lässt mich diese Tage freudig erleben ...

*Ulrike, 39 Jahre*

## ES BEGANN IN DEN SOMMERFERIEN

Da habe ich zum ersten Mal geblutet. Wir hatten Besuch von einem Cousin und zu diesem Zweck aus unserem Kinderzimmer ein großes Schlaflager gemacht. Als ich am nächsten Morgen aufwachte, fühlte ich mich verschwitzt und entdeckte einen nicht unerheblichen roten Fleck in meinem Laken.

In meiner Erinnerung habe ich keine Reaktion von den anderen gespeichert. Wohl aber weiß ich, dass ich froh darüber war, dass nicht in dieser Woche der Junge, in den ich verliebt war, vor der Tür stand und sich mit mir verabreden wollte.

Die Binden, die mir meine Mutter gab, nahmen sehr viel Raum zwischen meinen Beinen ein und ich fühlte mich in meiner Beweglichkeit eingeschränkt. Ich traute mich nicht, wie sonst an Turnstangen herumzubaumeln, bis ich einige Wochen später meine Mutter daraufhin ansprach und sie meine Bedenken ausräumte.

Wenn ich jetzt zurückblicke auf die 26 Jahre, die ich schon geblutet habe, wird mir klar, dass die längste Zeit dieser Phase vorbei ist. Ich genieße es sehr, in diesem Auf und Ab des zyklischen Rhythmus zu leben.

Wehmut ist mit dabei in der Erkenntnis, dass meine Fruchtbarkeit endlich ist. Dass mein Leben endlich ist und dass ich manches, was ich nicht gelebt habe, auch nicht mehr leben werde - und mein Leben in manchen Aspekten sich anders entwickelt hat, als der Entwurf, den ich mir davon gemacht hatte. Die Veränderungen in meinem Körper lassen mich spüren, dass die Vorbereitungen für einen neuen Lebensabschnitt begonnen haben.

Und so habe ich das Gefühl, liebe Luisa, dass du dich nun einem Raum zuwendest, ihn betrittst und eroberst, den ich zur gleichen Zeit langsam verlasse.

Was ich dir an Unterstützung bieten kann, sollst du von mir bekommen.

Ich wünsche dir, dass du in diesem Übergang gut begleitet bist. Ich wünsche dir, dass du die Kraft und die Wärme, den Halt und die Stärke erfährst, den Freundinnen und Frauen einander geben können.

Ich wünsche dir, dass du das Leben genießen kannst und dein Frauwerden und Frausein als Reichtum erlebst.

*Julia, 38 Jahre*

## »LEIDENSGENOSSINNEN«

Die meisten Mädchen haben es heute – denke ich – viel leichter, in die Pubertät zu starten. Als ich ein Kind war, hatte ich von »Tuten und Blasen« keine Ahnung – ich wusste nicht, wie Kinder auf die Welt kommen, und wie sie gezeugt werden, schon gar nicht.

Irgendwann hat die Ponystute Fanny von nebenan ein Fohlen bekommen: Flicka. Flicka war später mein Lieblingspony (sie hat mich aber auch aus Freundschaft nicht auf sich reiten lassen). Da bin ich sofort zu meiner Mama gerannt und habe die erstaunliche Nachricht gerufen: »Mama. Ein neues Pony ist da und es war in Fannys Bauch!«

Meiner Oma war das nachfolgende Gespräch mit meiner Mutter (»War ich auch in deinem Bauch?«) entsetzlich peinlich, das weiß ich heute noch. Meiner Mutter war auch nicht so wohl dabei; meinen Vater habe ich mit solchen Fragen nie aufgesucht. Ich glaube, ich war damals Grundschulkind und habe das Thema damit erst mal abgehakt.

Dann kann ich mich daran erinnern, dass ich kurz vor meinem 11. Geburtstag zum ersten Mal mit Nachbarskindern und einer Jugendgruppe nach Holland in die Ferien fahren wollte. Ich war gerade beim Packen und Vorbereiten und saß zwischendurch mal auf dem Klo im Badezimmer. Meine Mutter hatte Handwäsche im Waschbecken. Wir unterhielten uns und plötzlich entdeckte ich viel Blut im Klo. Ich war total entsetzt und rechnete mit dem Schlimmsten. Meiner Mutter gelang es tatsächlich, nicht geschockt auszusehen.

Mitten in der Handwäsche, kurz vor meinem ersten Urlaub allein, erklärte sie mir dann auf die Schnelle, dass ich jetzt »groß« sei und von nun an immer wieder bluten würde.

Oh jeh! Damit hatte ich ja nie im Leben gerechnet! Sie stopfte mir ein paar Binden in den Koffer und erklärte mir, wie man damit umgehen muss.

Dann fuhren wir nach Holland. Todesmutig erzählte ich meinen 2 - 3 Jahre älteren Nachbarinnen die neuesten Neuigkeiten aus meinem Leben. Ich glaube, es war ganz gut, dass ich anschließend mit so vielen »Leidensgenossinnen« zusammen war. Erst da habe ich begriffen, dass alle das irgendwann mal mitmachen und es »normal« ist. Da ich ja keine Ahnung hatte, wie lange so eine Bluterei dauert, habe ich mich beim ersten Einkaufen in einem holländischen Supermarkt nicht nur mit Süßigkeiten, sondern auch mit einem dicken Paket Binden eingedeckt. Es waren natürlich viel zu viele und ich habe sie wieder mit nach Hause schleppen müssen. Aber man wusste ja nie!

Es wurde ein sehr schöner Urlaub. Ich fand es sehr beruhigend zu sehen, dass auch andere Mädchen Haare an unmöglichen Stellen hatten und nicht mehr brettplatt auf der Brust waren. Keiner ist auf den Gedanken gekommen, meine erste Blutung zu feiern, aber einen besonderen Rahmen hatte sie ja auch so.

Ich kam damals ins 6. Schuljahr und irgendwann bluteten alle meine Freundinnen. Mal war alles o.k., mal litten wir darunter. Zwischendurch hatte ich ... ziemliche Schmerzen dabei, die hörten aber auf, als ich mir fest vornahm, keine mehr zu haben. Warum denn auch? Es ist doch seit Jahr–tau –sen–den die natürlichste Sache der Welt! Hätte ich mir das bloß früher vorgenommen!

Manchmal finde ich es übertrieben, so jahrzehntelang zu menstruieren, schließlich will man ja nur einige Jahre lang Kinder bekommen. (Ich hatte dann tatsächlich auch »Fohlen« in meinem Bauch und wusste auch, wie sie da hineingekommen waren.)

Mittlerweile bin ich fast schon wieder wie mit 14 – vergesse, den Tampon zu wechseln und wundere mich über die große Schweinerei – so sehr denke ich gar nicht mehr daran, dass ich ja zur Zeit blute.

Vielleicht vermisse ich ja sogar etwas, wenn mich dieses monatliche Ereignis mal nicht mehr begleitet. Es ist doch auch schön, Teil des großen Atems zu sein, den die Erde atmet!

Liebe Mädchen, genießt all eure Lebensphasen, sie sind es wert!

*Petra, 38 Jahre*

## »IHR SÄCHLE«

Ich sehe mich noch in meinem Zimmer sitzen: wie betäubt, vom Donner gerührt; ratlos, unsicher, ein großes Fragezeichen. Ich nehme meinen Hamster aus dem Käfig; nehme Zuflucht zu diesem kleinen, warmen, lebendigen Relikt meines Kindseins. Ich spüre das fremde Gefühl beim Sitzen; es ist so irritierend, fast, als hätte ich eine Windel an. Seltsam, dass das Gefühl, eine Windel anzuhaben, kennzeichnend sein soll für den Beginn des Frau-Werdens.

Eben war ich auf dem Klo und hatte Blut am Klopapier. Erschrocken und voller Angst rief ich nach meiner Mutter; dachte, ich sei verletzt oder krank.

»Um Gottes Willen, du wirst doch nicht schon deine Tage haben!«

Ich war erleichtert, weil ich begriff, dass es nichts Schlimmes war. Gleichzeitig aber war ich erschrocken über den tadelnden, vorwurfsvollen Ton in der Reaktion meiner Mutter und fand ja selbst, dass etwas verkehrt daran sein musste; ich war doch noch ein Kind! Eine Viertklässlerin; gerade 10 Jahre alt.

Dieses Einsetzen der ersten Blutung bedeutete nichts als eine große Verunsicherung für mich und warf mich in eine bis dahin nicht gekannte Einsamkeit ... Mit meiner Scham und Unsicherheit und meinen vielen Fragen blieb ich mir ... selbst überlassen.

Mit Bitterkeit und Eifersucht registrierte ich die ganz andere Qualität von Zuwendung und Unterstützung, die meine ältere Schwester von Seiten meiner Mutter erfuhr, als meine Mutter mich zu Besorgungen per Fahrrad losschickte, die eigentlich Aufgabe meiner Schwester waren. Ich empfand das als tiefe Ungerechtigkeit, weil ich im Verhalten meiner Mutter gegenüber meiner Schwester etwas erkannte, was mir verweigert geblieben war: Unterstützung und Fürsprache; Wahrgenommen-Sein in einer besonderen Situation; die Erfahrung auch einer Art weiblicher Solidarität.

Etliche Jahre später, als das Neuland längst zu vertrautem Boden für Mutter und Töchter geworden war und das anfängliche Ringen um Positionen einer gewissen Verschworenheit unter uns Frauen innerhalb der Familie gewichen war, registrierte und genoss ich einen Umstand, der mir als sogenanntes Haremsphänomen bis dato noch nicht bekannt war: das zeitgleiche Bluten mit Mutter und Schwester. Es war eine der wenigen schönen, fröhlichen und lockeren Atmosphären in meinem Elternhaus: die Freude, mit der wir, Mutter und Schwestern, uns darüber verständigten, wenn wir zu gleicher Zeit bluteten.

Aus dieser Zeit, der Zeit der ersten sexuellen Erfahrungen, ist mir auch in Erinnerung, wie die Jungs in der Clique Eindruck zu schinden versuchten, indem sie möglichst cool Kenntnis über diese Vorgänge andeuteten. Damals hatten die Mädchen »ihr Sach«, und manche Jungs machten gönnerhaft »ihr Sächle« daraus.

*Sarah, 38 Jahre*

## ICH ARBEITE DARAN ...

Mit 11 Jahren kam meine Menstruation, da war ich gerade bei meiner Oma zu Besuch. Sie ging damit sehr unkompliziert, fast schon selbstverständlich um.

Es hat auch ein bisschen weh getan und ich war auch etwas angstvoll, trotzdem habe ich diesen Tag in guter Erinnerung.

Es war gut, an diesem Tag bei meiner Oma zu sein, denn sie war eine sehr lustvolle Frau und ging damit sehr offen um.

So saß ich mit ihr vor dem Fernseher und es kam ein Ballett und sie sagte, sie sieht die jungen Männer so gern in ihren engen Hosen, weil sie es erotisch findet, alles zu sehen. Ich fand das sehr witzig.

Meine Oma erzählte auch sonst von Sexualität und Lust, nicht in allen Einzelheiten, aber so, dass es als schönes Gefühl bei mir ankam. Mein lustvolles Gefühl heute in der Sexualität danke ich meiner Oma, die als Einzige meiner Herkunftsfamilie eine positive Körperlichkeit und Sexualität lebte und zur Sprache brachte.

Heute erlebe ich meine Menstruation sehr wechselhaft, immer wieder schmerzhaft und belastet und dann spüre ich die Fruchtbarkeit und die Kraft und Gefühlsstärke der roten Zeit.

Ich arbeite viel daran, das Bluten positiv zu erleben. Gewünscht hätte ich mir ein Fest für mich, vor allem ein freudvolleres Aufnehmen durch meine Mutter.

*Belgin, 38 Jahre*

## ICH WÜNSCHE DIR, DASS DU MIT DEINER BEGINNENDEN BLUTUNG ...

Wie es war, als ich das erste Mal meine Blutung bekam?

Ich wusste, dass es irgendwann kommen würde und sollte, obwohl ich eher spät dran war. Ich glaube, meine Mutter hat lediglich eine Packung mehr Binden gekauft. ... Es war so, dass ich das Gefühl hatte, jetzt fängt auch bei mir das »Ungemach« an, also was Unangenehmes, auch Schmerzhaftes, was mich einschränkt.

Ich habe die monatliche Blutung ganz lange nicht als etwas Schönes, Lebendiges verstanden. Erst in den letzten Jahren gewinnt es mehr und mehr Faszination für mich. Mich begeistert die Kraft, die in diesem Blut steckt, wie es in Mengen, im Schwall fließen kann; einfach auch, dass es etwas Fließendes ist!

Ich finde es eine schöne Idee, jungen Frauen diese kleinen Erzählungen aus dem Leben anderer Frauen zu schenken. Manches magst du zuerst vielleicht komisch finden und auch nicht verstehen. Aber wenn du alle paar Jahre mal reinschaust, wird dir wahrscheinlich jedes Mal etwas anderes Neues auffallen.

Ich wünsche dir, dass du mit deiner beginnenden Blutung immer mehr auch dein Leben als etwas Fließendes und Kraftvolles verstehen kannst und stolz darauf bist, damit beschenkt und eine Frau zu sein.

*Christina, 37 Jahre*

NACH DER ENERGIE DES FEUERS
SEHNE ICH MICH

Ein Feuerball will ich sein.
Blutig,
rot
eigen.
Ich selbst,
kraftvoll,
sprühend,
wild - einer Löwin gleich.
Frei,
fließend
Ich!
Ja!

Ich war gerade 13 Jahre alt. Ich meine sogar mich erinnern zu können, dass sie genau zwei Tage nach meinem Geburtstag das erste Mal »kam«.

Ich wusste darüber Bescheid; die Blutung zu haben, das war nie ein Tabu in unserer Familie, wir hatten auch schon immer einen Namen dafür. Die »Rosa« wurde sie von uns genannt. Und trotzdem war es wie ein kleiner Schreck, ein erschrockenes Erkennen, als ich da so plötzlich das Blut in meinem Slip entdeckt habe.

Meine Großmutter war an diesem Tag zu Besuch. Ich weiß noch, dass sie und meine Mutter diskutiert haben, wie frau jetzt die Binde am besten und richtig in den Slip klebt und wie sie dementsprechend in meiner Unterhose rumhantiert haben! Ich war stolz darauf zu bluten, und meine Mutter auch - glaube ich.

Ein Fest oder irgendeine Art Ritual hat es nie gegeben - außer das erste Mal »Binde-in–die–Hose–kleben« ... Im Nachhinein bedauere ich es sehr, und ich werde sicher ein Ritual feiern, wenn ich in einigen Jahren mit dem Bluten aufhören werde, ein ganz wunderbares, mit vielen Frauen, einer schönen Zeremonie und natürlich mit einem Festessen ...!

Schmerzhaft waren meine Blutungen von Anfang an, ein fremder Schmerz zuerst, der dann über die Jahre zu einem treuen Begleiter geworden ist, mal mehr, mal weniger heftig. Dieser Schmerz ist es auch, der mir bis zum heutigen Tag zu schaffen macht und mir diese »Tage« richtig vermiesen kann.

Ich wehre mich oft dagegen und werde wütend. Die Schmerzen nehmen mir einfach Kraft, und ich wäre gerne kraftvoller in dieser Zeit. So bin ich sehr introvertiert, oft auch traurig und weinerlich. Ich arbeite und tue alles verlangsamt, bin energetisch einfach ganz und gar in meinem Bauch. Wärme tut mir gut, Ruhe und die Möglichkeit, nach meinem inneren Rhythmus den Tag zu verbringen.

Wenn ich nicht bei der Arbeit bin und mich auch sonst vor der Welt zurückziehen kann, komme ich oft ohne Schmerzmittel zurecht. Ein Orgasmus (darüber zu schreiben, das ist mir jetzt auch ein wenig peinlich!) hilft mir manchmal, da entspannt meine Gebärmutter ...

Ich blute meistens fünf Tage und ich blute viel. Es gab eine Zeit, da hat mich das sehr verängstigt, da hatte ich das Gefühl, mir fließt meine komplette Kraft davon. Ich bin der Angst auf den Grund gegangen, seitdem ist es zwar immer noch reichlich Blut, was da so aus mir fließt, aber ich fürchte mich nicht mehr.

Diese Schmerzen und das Thema »Kraft«, das beschäftigt mich im Zusammenhang mit meiner Mens (so nenne ich meine Blutung) sehr. Ich glaube inzwischen, dass dort in meinem Becken ein großes Kraftpotenzial steckt, ich es aber noch nicht kenne, vielleicht auch nicht so recht glaube, dass es dort ist, und ich es bisher aus diesem Grund auch nicht in meinem Leben zum Ausdruck gebracht habe. Das könnte noch eine Aufgabe für mich sein ...

Ansonsten möchte ich diese Tage nicht missen. Ich mag es, wenn ich spüre, dass das Blut aus mir fließt, ich mag den Geruch und die Farbe. Wenn es im Winter geschneit hat z. B., und ich bin unterwegs in der Natur und »muss mal«, das sieht einfach schön aus, das Blut im Schnee, finde ich. Da denke ich immer an das Märchen von »Schneewittchen«, wo es heißt: «So weiß wie Schnee, so rot wie Blut ...«

Ja, ich mag diese Tage nicht missen. Es gab nur eine Zeit, da hat es mich sehr traurig gemacht, wenn sie gekommen sind. Das war die Zeit, als ich mir sehr ein Kind gewünscht habe. Da war jede Blutung mit viel Enttäuschung, zerplatzter Hoffnung und viel Traurigkeit verbunden. Da hätte ich mich riesig gefreut, wenn sie mal weggeblieben wäre ...!

Vor ein paar Jahren, da habe ich jeden Monat ein kleines privates Blutungsritual gefeiert. Ich hatte einen Baum dafür ausgesucht, der geschützt stand. Ich habe meine Lippen mit knallrotem Lippenstift geschminkt und hatte eine Kette um, mit Steinen und Federn dran. Ich habe auch ein Tagebuch angefangen, in das ich meine unterschiedlichen Blutungserlebnisse reingeschrieben habe. Irgendwann habe ich damit aufgehört, diese Zeit so zu zelebrieren. Warum, das weiß ich gar nicht genau. Eigentlich ist das sehr schade.

Genau das ist es nämlich, was ich mir insgeheim wünsche! Dass es einen Raum für mich gibt, wo ich diese Zeit auf besondere Weise begehen kann, sei es, dass ich ein Ritual feiern kann oder mich einfach nur zurückziehen könnte aus dem Alltag. Am liebsten würde ich das mit mehreren Frauen zusammen machen, es gibt ja genug in meiner Stadt, die gleichzeitig bluten.

Ich stelle mir das so vor, dass alle Frauen, die ihre Periode haben, sich an einem dafür bestimmten Ort treffen, dort die Tage zusammen verbringen, um dann, wenn´s wieder vorbei ist, nach Hause zurückkehren. Natürlich wäre es auch gesetzlich geregelt, dass jede mensfrei hätte! Logisch! Dann wäre es sicherlich auch nicht mehr so tabuisiert, wie es zurzeit ja immer noch ist. Es wäre nicht mehr so peinlich, es wäre etwas, was wir Frauen nicht mehr so sehr verbergen müssten – es wäre eine selbstverständlichere Angelegenheit ... Oder ...? Denn obwohl ich solche Träume und den inneren Anspruch habe, meine Blutung gut in meinen Alltag zu integrieren, ist es für mich immer noch eine Sache, die mich gelegentlich mit Scham erfüllt, und die mir viel zu oft noch peinlich ist.

Ich fühle mich als Frau sehr mit der Natur verbunden. Der Frühling ist für mich die junge Frau, die eben beginnt zu bluten, der Sommer, das ist die Zeit, in der die Frau zu ihrer vollen Reife heranwächst und mitten im prallen Leben steht, der Herbst, das ist die Zeit, in der die Frau Veränderungen spürt, in der sie so langsam aber sicher merkt, dass sie älter wird, und da ist der Winter, die Zeit im Leben einer Frau, in der die Blutung versiegt und der letzte Abschnitt ihres Lebens beginnt ...

Für dieses Gefühl von Verbundenheit mit allem Sein bin ich sehr dankbar. Und es macht mich stolz, eine Frau zu sein!

Das ist es auch, was ich den jungen werdenden Frauen von Herzen wünsche! Dass sie stolz sind, Frau zu sein! Dass sie sich eingebunden fühlen in das große Ganze des Lebens! Dass sie das Bluten als etwas Kraftvolles, Lustvolles, Lebendiges, vielleicht auch als etwas Spirituelles erleben können. Dass sie Menschen, Frauen wie Männern, begegnen, die damit respektvoll und mit angemessener Ehrfurcht umgehen. Dass sie die Blutung und diese Zeit nicht »wegpacken« und »zustopfen« müssen, sondern mit ihr fließen, und somit im Fluss des Lebens bleiben können. In diesem Sinne beschließe ich meinen Bericht und grüße alle Frauen, insbesondere aber meine Patentochter Luisa, die seit einigen Monaten durch den Frühling ihres Frauenlebens tanzt.

*Katharina, fast 37 Jahre*

DER BLUT-KREISLAUF

BLUT

TOCHTER TANZ

URSPRUNG UNIVERSUM

LIEBE LAVA

BUSEN BLÜTE

LUST LICHT

UNGEHEUER URWALD

TRÄNEN TOD

BLUT

*Silay, 36 Jahre*

## MEIN FAST ERSTES MAL

Es war an einem Sonntag. Wir kamen aus der Kirche, mein Vater parkte den Wagen vor dem Portal und ich sagte zu meiner Mutter:

»Ich glaube, ich habe meine Tage bekommen. Es war so rot, als ich Pipi gemacht habe.«

»Das wäre zwar etwas früh«, meinte meine Mutter, ich war gerade erst elf Jahre , »Aber kann schon sein.«

Nachher stellte sich heraus, dass ich einfach nur viel Rote Beete gegessen hatte und mein Urin sich von daher verfärbt hatte - bis zum ersten Mal sollten noch drei Jahre vergehen.

Es war an einem schönen warmen Sommertag. Wir spielten auf dem Hof Tischtennis. Ich war gerade auf der Toilette und hatte einen dunklen Fleck in meiner Unterhose entdeckt. Da ich etwas Durchfall hatte, schob ich es darauf, wechselte die Unterhose und ging wieder raus spielen. Aber, es war schon komisch. Irgendetwas war anders.

Bald hatte ich es wieder vergessen und so verging der Tag. Abends war ich mit meinem etwas älteren Bruder allein zu Hause. Meine Eltern waren bei meiner Tante feiern und meine große Schwester war leider auch nicht da. Als ich zur Toilette ging, war da schon wieder so ein dunkler Fleck in meiner Hose. Und endlich konnte ich den Geruch definieren: es roch nach Blut. »Aha«, dachte ich mir, »es ist jetzt wohl so weit!«

Alle meine Freundinnen hatten schon ihre Tage und ich war jetzt fast 14 Jahre. Ich überlegte, was zu tun wäre. Bei meiner Mutter hatte ich mitbekommen, dass sie immer diese Wattestifte, diese Tampons, nahm. Also suchte ich im Schrank danach und fand auch welche. Ich machte es mir auf der Couch im Wohnzimmer bequem und las mir im Beipackzettel durch, wie das wohl geht mit dem Einführen.

Mein Bruder schaute zu mir herüber und ich sagte stolz:

»Tja, ich bin jetzt eine junge Frau.«

Er schüttelte nur den Kopf und schaute weiter fern.

Ich ging zurück ins Bad und versuchte mein Glück, aber es klappte nicht. Ich habe es mit zwei bis dreien versucht und rief dann doch recht verzweifelt bei meiner Tante an, um meine Mutter zu fragen, was ich wohl falsch gemacht haben könnte. Sie riet mir zu einer Binde und sagte mir, wo sie zu finden sind. Mit den Tampons hatte es nicht geklappt, weil ich die falsche Größe genommen hatte. Ich hatte keine Ahnung, dass es verschiedene gab.

Ich dachte, wir wären gut aufgeklärt worden früher. Aber wie meine Mutter mir jetzt sagte, wurde bei uns nie über so was gesprochen.

*Monika, 35 Jahre*

## ALLES FLIEßT

Das mag ich am liebsten:

Am zweiten Tag meiner Menstruationsblutung, wenn rotes frisches Blut stetig schmerz- und spannungsfrei läuft und läuft und läuft ... Ich habe Zeit und bin in Ruhe und mit viel Muße zu Hause, etwas lesen, kochen oder backen, herumkruschen, jederzeit aufs Klo gehen oder im Bett, eventuell mit Wärmflasche, die Gedanken ziehen lassen.

Es ist befreiend, als würde Platz für etwas Neues gemacht, erleichtert mich. Ich habe das Gefühl, alles in mir fließt besser, mehr, leichter.

Am ersten Tag ist da immer noch eine Art Trauer in mir und Schmerz und Spannung. Die ganze Schleimhaut hat sich mal wieder umsonst aufgebaut. Kein befruchtetes Ei kam vorbei, das darin wohnen wollte. Es zieht, tut weh, ich will meine Ruhe haben, am liebsten mit der Wärmflasche im Bett liegen, bis sich eine wohlige Wärme ausbreitet, die mich einschlafen lässt.

Bei meiner letzten Arbeitsstelle als Masseurin in der krankengymnastischen Abteilung einer Klinik hatten wir Frauen uns dann immer in eine Fangopackung packen lassen, den Raum abgedunkelt, schöne Musik angemacht und eine Kollegin hat einen Tee gebracht. So haben wir einfach eine verlängerte Mittagspause verbracht oder uns zwischendurch erholt, bis es besser ging. Das war immer sehr wohltuend und auch für alle männlichen Arbeitskollegen selbstverständlich.

Wenn ein Rhythmus im Leben vorhanden ist, kann sich der eigene Körper anscheinend auch mit dem Timing darauf einstellen.

In einer Zeit, da ich mit einer 75-Prozent-Stelle immer Dienstag vormittags frei hatte, kam das Fließen immer an diesem Morgen. Bis zum Nachmittagsdienst von 13 bis 16 Uhr waren die empfindlichen Stunden vorbei und die kurze Nachmittagsarbeit im Bewegungsbad war für mich gut zu schaffen, sogar eine willkommene Bewegung.

Die Zeit, Tage, Abende, Stunden vorher sind immer ganz besonders. Empfindsam, offen, ruhebedürftig, liebesbedürftig, launisch, lustvoll ... Wenn ich/wir am Abend vorher mit Lust lustvoll sein kann, sein mag, beginnt das Fließen immer sehr gelassen und ruhig, fast angenehm und wohlig.

Es gab aber auch schon Zeiten, da dachte ich, ich muss sterben, solche starken Schmerzen hatte ich. Am besten geholfen hat mir auf Dauer immer Frauenmanteltee. Schon 10 Tage vorher angefangen regelmäßig zu trinken. Und dann, wenn die Schmerzen anfingen, mit der Wärmflasche für 2 - 3 Stunden ins Bett ... und vorher noch den Bauch mit meinem Fließ-Öl einreiben. Dafür nehm ich Jasminöl (nur 1 Tropfen!!), mit etwas Orange und Ylang-Ylang in Mandel- oder Jojobaöl.

Hmm, das ist total wohlig einlullend.

Es gibt ja allerhand psychologische Hypothesen, warum eine Frau eine schmerzhafte Periode hat. Ich weiß nicht, was ich davon halten soll. Vielleicht ist es einfach so!!! Gründe finden könnt ich bei mir viele. Meine Statur, meine vielen Brüder, vielleicht mein Sternzeichen, meine Beziehung, keine Ahnung.

Es ist ein ewig faszinierendes Thema und je mehr man über den Körper und seine Funktionen weiß, umso unglaublicher und wunderbarer mutet all das an ... Es gibt noch so viel mehr dabei zu beobachten und herauszufinden. Jede Frau für sich ... es bleibt spannend!

Ich wünsche allen Frauen immer gutes Fließen und ein Leben zum Genießen

*Geli, 32 Jahre*

## ÜBER DEN BEGINN MEINER TAGE UND EIN PAAR BEGEBENHEITEN

Einen Tag, bevor ich zum ersten Mal meine Tage bekam, war ich auf der Geburtstagsfeier einer Freundin. An diesem Tag war ich sehr müde und ich rechnete eigentlich damit, krank zu werden. Aber als ich am nächsten Morgen aufwachte und aufs Klo ging, merkte ich, dass ich blutete. Ich ging zu meiner Mutter und erzählte es ihr, als wäre es das Selbstverständlichste der Welt, dass ich meine Tage bekommen hatte. Mama hat mir auch tatsächlich erzählt, dass eher sie die Erschrockene war.

Meine Mutter zeigte mir, wo sie ihre Binden hatte und wie man sie einlegt. Sie sagte mir ebenfalls, dass ich mir aufschreiben sollte, wann ich meine Tage bekomme.

Es pendelte sich bei mir recht schnell ein, das mit der Regelmäßigkeit. Später erzählte mir eine Freundin, dass sie ihre Tage am Anfang und manchmal noch heute unregelmäßig bekommt, ihre Tage setzten einfach mal für 3 Monate aus.

Aus der Klasse war ich eine der Ersten bzw. die Zweite, die ihre Tage bekommen hatte. Eines Tages kam eine Freundin zu mir und sagte mir, dass sie ihre Tage auch schon habe. Damals war es ein strenges Geheimnis, ... und erst mit der Zeit lockerte sich die Geheimniskrämerei und so kam es zu »Geständnissen« auf der Mädchen-Toilette. Das brachte uns Mädchen aus der Klasse etwas mehr zusammen und es bildete sich, wie schon in den unteren Klassen, eine Front den Jungs gegenüber.

Je mehr Mädels aus der Klasse ihre Regel bekamen, um so lustiger wurden unsere Gespräche auf der Mädchen-Toilette. So kam es heraus, dass wir uns alle über die Jungs ärgerten.

Die Jungs ließen solche Sätze wie »Warum bist du so schlecht gelaunt? Hast du deine Tage? Hä?« verlauten. So beschlossen wir, nicht immer so heimlich zu fragen, wenn eine ihre Tage überraschend bekommen hatte und Binden brauchte, sondern auch in Gegenwart von Jungs zu fragen. Ehrlich gesagt, wurde dieser Beschluss nie Wirklichkeit. Aber das Gefühl zu haben, dass man jedes Mädchen aus der Klasse nach Binden/Tampons fragen kann, ist super.

Bei mir ist es so, dass ich manchmal am ersten Tag Bauchweh habe, aber eigentlich geht es mir gut und ich bin voller Energie. Was mich stört, ist, dass ich nie (selten) merke, wann ich meine Tage bekomme. Manche Frauen haben z.B. ein Ziehen im Rücken oder Ähnliches, aber ich wache auf und merke erst in der großen Pause, dass ich mal wieder meine Tage habe. Das war schon oft ein böses Erwachen und seitdem trage ich immer drei Tampons mit mir herum.

Ich habe drei Brüder (16,15,10) und der jüngste fängt ab und an mal mit dem Blöde-Sprüche-Klopfen an und schiebt meine schlechte Laune auf die Tatsache, dass ich wohl meine Tage habe. Bei ihm kann ich noch drüber lachen, aber ich hab auch schon meinen 15-jährigen Bruder angeschrien, wahrscheinlich lag es daran, dass er den Nagel auf den Kopf getroffen hatte mit seiner Vermutung, aber ich hab ihm nie erzählt, dass er Recht hatte und seitdem ist er nicht mehr so schnell mit seinem Urteil.

Ab und an fragt dieser Bruder, wie es denn für uns Mädchen ist, wenn wir unsere Tage haben. Das find ich gut. Meine Brüder bekommen auch ab und zu mal mit, wenn ich meinen Tampon wechsle, da wir uns ein Bad teilen, ist es zwangsläufig so.

Was mir oft passiert ist, dass ich, wenn ich in einem anderen Land bin, meine Tage früher bekomme.

Von meiner Tante habe ich einen Mondstein geschenkt bekommen und wenn ich diesen Stein von meiner Kette wegnehme, verschieben sich meine Tage ebenfalls. So trage ich diesen Stein eigentlich immer um meinen Hals.

*Elena, 19 Jahre*

ENDLICH!

Das war mein erster Gedanke, als mir klar wurde, dass das Feuchte da in meiner Unterhose Blut war.

Ich stand morgens in der Küche, hatte gerade den Wasserkocher angeschaltet und musste plötzlich dringend auf die Toilette ... Ich war fast 16 und wartete schon lange darauf, endlich, wie alle meine Freundinnen, »meine Tage« zu haben und mitreden zu können. Nun war es also soweit, und obwohl ich durch meine Mutter, Freundinnen und den Biologieunterricht Bescheid wusste, war mir das Ganze doch nicht so ganz geheuer.

Natürlich erzählte ich sofort meiner Mutter davon, die mich erst einmal mit einer Binde versorgte. Meine beste Freundin, die ja diese ganze Aufregung schon hinter sich hatte, war nicht allzu interessiert, was mich etwas enttäuschte; aber nach ein paar Monaten war das alles auch für mich schon zur Routine geworden.

Ich fing ziemlich bald an, nur noch Tampons zu benutzen, denn ich finde den Geruch des Blutes einfach widerlich und auch das Gefühl, spüren zu können, wie das Blut in die Binde sickert, eher unangenehm. Zudem fällt es kaum auf, wenn man einen Tampon in der Hosentasche hat.

Wenn ich meine Tage habe, bin ich leicht reizbar und könnte ständig völlig grundlos anfangen zu weinen. Außerdem habe ich meistens ziehende Schmerzen im Unterleib und vor allem in den Beinen. Nervig ist noch dazu, dass man in dieser Zeit immer daran denken muss, dass man genügend Tampons mitnimmt, wenn man weggeht und, dass man nicht so ohne Weiteres schwimmen gehen kann (sehr peinlich: man steigt aus dem Becken und der Faden des Tampons hängt einem aus der Bikinihose ...).

Apropos peinlich, bei einer Kontrolle am Flughafen fragte mich eine Sicherheitsbeamtin, was ich denn da in der Hosentasche hätte und bat mich, es ihr zu zeigen – ein Tampon natürlich – und das auf der Studienfahrt nach London, d.h. die ganze Klasse schaute zu.

Trotz allem ist es ein schönes Gefühl, ausnahmsweise mal empfindlich sein zu dürfen und einen guten Grund zu haben, sich einfach nur faul aufs Sofa zu legen.

Was ich früher ganz besonders positiv fand: ein hieb- und stichfestes Argument dafür, dass ich nicht am Sportunterricht teilnehmen musste. Dabei muss ich zugeben, dass Bewegung manchmal mehr bringt, als sich mit einer Wärmflasche ins Bett zu kuscheln. Denn dabei geraten die Schmerzen so in den Mittelpunkt, dass man garantiert an nichts anderes mehr denkt. Ich gehe lieber tanzen – ich bin abgelenkt und vergesse meine Schmerzen. Hauptsache, niemand wagt es, mich zu reizen, denn sonst kann es passieren, dass ich auf der Stelle in Tränen ausbreche.

Meiner Meinung nach sollte man nicht zu viel Aufhebens um die Menstruation machen, sondern vielmehr seinen individuellen Umgang damit finden – es mag ungerecht sein, dass nur wir Frauen diese komischen Tage im Monat haben, aber ich finde, es hat auch etwas Faszinierendes an sich und bringt einem den eigenen Körper näher.

All den Mädchen, die noch gespannt auf ihre ersten Tage warten, wünsche ich, dass sie immer einen Gesprächspartner haben, mit dem sie offen und frei von Tabus über dieses Thema sprechen können.

*Swantje, 18 Jahre*

## ICH HABE MEINE TAGE

Ich habe meine Tage. Ja, das sagen einige dazu, und ich gehöre zu ihnen. Und jetzt sage ich es nicht nur, sondern ich meine es auch so. Ja, genau, ich habe meine Tage. Gibt es einen besseren Zeitpunkt, um ausgerechnet über dieses Thema zu schreiben?

Ich habe genau gewusst, dass ich sie in diesen Tagen bekommen würde. Woher? Ich weiß es nicht. Ich habe meine Tage jetzt seit fünfeinhalb Jahren und weiß mittlerweile genau, wann ich sie bekomme. Ich kenne meinen Körper einfach. Und er zeigt mir eigentlich sehr genau, wann ich mal wieder eine Binde einlegen muss. Ich bekomme einige Tage vorher Pickel. Andere als sonst.

Manchmal spannen meine Brüste. Oder ich habe ein seltsames Ziehen im Bauch. Egal was. Ich weiß immer, wann es wieder soweit ist. Und dabei habe ich noch niemals einen dieser Kalender geführt, die man beim Frauenarzt bekommt und wo man an den Tagen ein Kreuzchen macht.

Noch nie habe ich irgendwie darauf geachtet, wie lange sie dauern oder in welchen Abständen sie auftauchen. Ich könnte niemandem sagen, wie lange mein Zyklus ist – obwohl er mittlerweile sehr regelmäßig ist. Bauchweh habe ich mittlerweile auch kaum noch und wenn, ist das nicht so schlimm wie noch vor zwei Jahren. Wie man sieht, ich mache kein großes Aufhebens um meine Tage. Sie gehören zu mir dazu.

So locker habe ich das nicht immer gesehen. Das erste Mal habe ich meine Tage irgendwann im November 1998 bekommen, vier Monate vor meinem 12. Geburtstag. Ich hatte zwar keine Angst davor, denn ich wusste, dass das irgendwann kommt; ich wusste, wo die Binden sind und wie man sie verwendet. Mit Spannung erwartet habe ich es aber auch nicht. Und eines Tages war meine Unterhose ... nun ja sehr dreckig. Und ich hatte nicht einmal eine Slipeinlage eingelegt! Dabei war ich ziemlich unaufmerksam, wie ich zugeben muss. Ich hatte nämlich zuvor schon bräunlichen Ausfluss gehabt. Warum ich mir dabei nichts gedacht habe, ist mir immer noch schleierhaft. Ich meine, so etwas muss einem Mädchen von fast 12 doch auffallen ...

Egal, das war sie also. Meine erste Monatsblutung. Meine Mutter wollte sie gleich feiern. Ich durfte mir ein Restaurant aussuchen und die ganze Familie ging essen. Das war eine echt nette Idee. Doch eigentlich habe ich mich nicht anders gefühlt. Natürlich, es war schon seltsam, die ersten Male, und ich konnte noch lange nicht so auf meinen Körper hören wie jetzt. Zu oft wurde ich über Nacht überrascht und musste dann möglichst verstohlen meinen Schlafanzug wechseln.

Wenn mich jemand morgens auf dem Weg zum Bad so sah, war mir das peinlich, wie sonst kaum etwas. Doch ich bekam das irgendwann auch in den Griff. Nur einmal hatte ich eine Art ... na ja, nicht unbedingt einen Panikanfall, aber als ich an dem Tag auf dem Klo saß und gottfroh war, dass dieses Geschmiere ja in ein paar Tagen wieder rum sein würde, da wurde mir mit einem Schlag bewusst: »Oh Gott! Das hast du jetzt die nächsten Jahrzehnte lang, zwölfmal im Jahr!!« Mir kam das wie eine unglaublich lange Zeitspanne vor – furchtbar.

Mittlerweile bin ich siebzehn und habe kein Problem mehr mit dem »monatlichen Problem«, wie es eine Freundin von mir manchmal nennt. Ein fürchterlicher Ausdruck! Warum irgendeine Umschreibung benutzen? Ich meine, es muss ja nicht gerade »Menstruation« sein, was wie aus dem Lehrbuch klingt, aber es ist nichts dabei zu sagen: »Ich habe meine Tage.«

Das Einzige, was mich nervt: Dass das mit den Tampons nur manchmal funktioniert. Ich weiß nicht, warum – ich bin weder zu gehemmt dazu, noch finde ich es eklig. Aber mal geht es und mal nicht und ich habe vorher keine Ahnung, wann es geht und wann nicht. Dabei wäre es mit Tampons um so vieles einfacher. Du kannst ins Schwimmbad gehen, wann du willst (insbesondere im Sommer recht praktisch), brauchst nicht aufzupassen, welche Hose du trägst, dein Gang fühlt sich nicht permanent komisch an, du riechst nicht und du fühlst dich nicht so klebrig. Nun, vielleicht klappt das ja auch eines Tages.

Und nun, Mädels, müsst ihr mich entschuldigen – muss meine Binde wechseln gehen. Grüßle, eure

*Lily, 17 Jahre*

## DIENSTAGS,
## NOCH VOR DER SCHULE

Ich habe lange auf meine erste Regel gewartet. Meine beste Freundin hatte sie schon, meine Mutter natürlich, meine Schwester ... nur ich eben nicht. Ich habe immer geglaubt, wenn man seine Regel bekommt, dann verändert sich total viel. Ich dachte, dann ist man groß, dann ist man schon mitten drin im Erwachsenwerden. Und ich war enttäuscht, dass ich sie immer noch nicht hatte. Ich war damals 12, und das ist ja eigentlich noch recht jung.

Meine Freundin hatte mir erzählt, dass sie sich furchtbar darüber gefreut hatte, als sie ihre Regel zum ersten Mal bekommen hat. Aber sie meinte auch, es ist nicht immer so toll, seine Regel zu haben. Man muss immer Binden bei sich haben, wenn man aus dem Haus geht, und beim Sport störte es sie auch. Doch für mich war das kein Grund, mich nicht darauf zu freuen. Aber ich hätte mich wohl damit abfinden müssen, dass es eben noch eine Weile dauern wird, bis ich meine erste Regel bekomme.

Und dann kam sie auf einmal, ganz unverhofft. Das war dienstags noch vor der Schule. Ich wollte gerade meine Zähne putzen, als ich etwas Warmes zwischen meinen Beinen spürte. Ich hatte erst keine Ahnung, was das sein könnte. Aber als ich den roten Fleck in meiner Unterhose entdeckte, war es mir natürlich klar: ich hatte meine Regel bekommen.

Im ersten Moment wusste ich nicht, wie ich darauf reagieren sollte. Ob ich nun laut losjubeln sollte oder lieber kein Wort darüber verlieren und das Ganze als mein kleines Geheimnis für mich behalten wollte. Aber natürlich habe ich es gleich meiner Mutter erzählt. Ich legte mir zum ersten Mal in meinem Leben eine Binde in die Unterhose und wusste gleich: An dieses Gefühl werde ich mich noch gewöhnen müssen.

Es war etwas unangenehm, und ich dachte an diesem Morgen in der Schule immer: Jeder kann es sehen. Jeder sieht, dass ich meine Regel bekommen habe. Jeder sieht, dass ich eine Binde trage.

Aber das war natürlich nicht so. Ich habe es erst einmal nur meiner besten Freundin erzählt. Mir war es nicht direkt peinlich, aber etwas unangenehm war es schon. Und wie es der dumme Zufall wollte, hatte ich an diesem Tag auch noch Schulschwimmen. Ich wurde natürlich von vielen gefragt, warum ich nicht mitschwamm. Ich wollte ihnen zuerst erzählen, ich hätte meinen Badeanzug vergessen, aber dann sagte ich es ihnen doch. Sie fanden es alle toll und freuten sich für mich, und ab da hatte ich auch kein »Problem« damit.

Ich habe es mit meiner Familie gefeiert, wir waren essen. Es war echt genau so, wie ich es wollte: nicht soviel Rummel darum machen, aber es dennoch ein bisschen zu feiern, weil ich ja nun endlich »erwachsen werden kann«.

Ich habe dann irgendwann angefangen, zu meiner Regel »meine Tage« zu sagen. Meine Freundin nannte es auch so, und ich fand es etwas unauffälliger. Ich habe mich an Tampons versucht, fand sie aber nicht so toll. Ich hatte immer Angst, ich bekomme »die Dinger« nicht mehr heraus. Aber jetzt ist das für mich kein Problem mehr. Ich finde, junge Mädchen, die ihre Tage erst bekommen haben, sollten sich bei so etwas Zeit lassen.

Manchmal rede ich mit meinen Freundinnen darüber, wir tauschen Erfahrungen aus und beraten uns gegenseitig. Wie es einem während seiner Tage geht, dass man gereizt ist, dass man Pickel bekommt, dass man Schmerzen hat und was man gegen sie tut. Ich habe eigentlich keine Schmerzen während meiner Tage. Aber ich kann wirklich jedem Mädchen raten, Sport zu machen und sich vor allem abzulenken. Am besten mit Freundinnen. Das hat bis jetzt jeder meiner Freundinnen geholfen, und mir auch.

Ich finde auch, es ist eigentlich ein Schatz, und man sollte es als eine schöne Sache ansehen. Es ist für mich wirklich ein kleiner Schritt zum Erwachsenwerden, und das ist schön. Und kein Mädchen sollte sich dabei schlecht fühlen, das ist doch was ganz Normales, seine Tage zu haben ...

*Pia, 15 Jahre*

## Das Ritual

Zehn Frauen zwischen 36 und 70 Jahren feiern mit Luisa das Übergangsritual
Ulrike und Katharina leiten uns hindurch

Die Mitte ist zunächst in Farben der Mädchenzeit geschmückt, viel Weiß, etwas Rot, Blumen, eine weiße Kugelkerze, ein Bild mit Luisa und ihrer Uroma. Für jede Frau ist eine rote Kerze angezündet.

Nach einer Vorstellungsrunde mit Früchtetee und Honig, verlässt Luisa durch das Tor unserer verbundenen Frauenhände den Kreis und wird von Katharina und mir über einen Weg aus Herbstlaub und Rosenblütenblättern ins Badezimmer geleitet.

Dort gibt es ein rituelles Bad. Kerzenschein, rosa Blüten im Wasser, Ingwer und Salz. Aus dem Wohnzimmer erklingt Gesang. Genussvoll gebadet, abgerieben, gekrault und wieder eingeölt, zieht Luisa ihr Festgewand an. Eine dünne rote fedrige Boa wird ihr und mir ums Handgelenk gebunden als Zeichen für die Nabelschnur.

So stehen wir vor der geschlossenen Wohnzimmertüre und Luisa bittet mit lautem Klopfen um Aufnahme in den Kreis der Frauen.

Die Türen öffnen sich und zwei Rasseln begrüßen uns, hüllen uns ein und bilden ein Tor aus Tönen, durch das wir in den neuen Raum gelangen.

Ulrike hat inzwischen mit den anderen Frauen die Mitte so gestaltet, dass ein Übergang von weißer Zeit zu roter Zeit deutlich wird. Luisa nimmt den Platz auf der weißen Seite ein, von hier aus wendet sie sich jeder Frau einzeln zu, begrüßt sie und bietet ihr ein rundes Gebäck an.

Wieder in der Mitte angekommen, ist jetzt der Moment, die Schwelle - symbolisiert durch eine schwarze Schieferplatte - zu überschreiten.

Luisa findet mit den Füßen suchend ihren Weg hin zu den roten großen samtigen Sitzkissen. Ich entlasse meine Tochter mit guten Wünschen für ihren Weg in den Kreis der Frauen. Wie ich es schon bei ihrer Geburt getan habe, löse ich auch jetzt noch einmal symbolisch die Nabelschnur. Die kleine Boa schmückt nun ihren Hals. Eine rote Kugelkerze wird für Luisa entzündet. Als bekräftigenden Ausdruck für den neuen Status erhält Luisa von Ulrike ein kleines rosafarbenes Schultertäschchen mit Binde und Tampon.

Wir singen Das Lebenslied von Heike Panten:

> Ich hab ein junges Mädchen gesehn,
> in einem weißen Gewand.
> Mit Milch und Honig in ihrem Arm,
> war sie mir seltsam bekannt.
>
> Ich hab eine tanzende Frau gesehn,
> ihr Kleid war wie Feuer so rot.
> Sie lachte so laut und sie sang so schön,
> sie brachte mir Wasser und Brot.
>
> Ich hab eine runzlige Alte gesehn,
> ihr Kleid war so schwarz wie die Nacht.
> Ihre Hand war so leer, doch ihr Herz war voll,
> sie hat mir das Wissen gebracht.
>
> Dreimal hast du in den Spiegel gesehn,
> am Morgen, am Mittag, bei Nacht.
> So nimm dein Leben und geh deinen Weg,
> du hast den Mut und die Macht.*

Luisa macht erneut die Runde von Frau zu Frau jetzt von ihrem roten Junge-Frauen-Platz aus. Jede der Frauen im Kreis gibt Luisa ihren eigenen Wunsch mit und mit dem Wunsch fädelt sie eine eigens dafür mitgebrachte Perle auf ein Bändchen. Die Kette wächst an Farben, Formen und Umfang. Es gibt Füllperlen, so dass es möglich ist, insgesamt 28 Perlen aneinander zu reihen.

Die Aufnahme ist vollzogen und wird mit Lied und Tanz gefeiert, Katharina hat sich Schritte ausgedacht zu einem Lied von Carolyn Hillyer:

»Blessed be the blood on your skirt.
Blessed be the blood on your thighs.
Blessed be the blood.«

»Gesegnet sei das Blut auf deinem Rock.
Gesegnet sei das Blut auf deinem Schoß.
Gesegnet sei das Blut.«**

Die Schrittfolge lässt ein Muster entstehen, bei dem alle Frauen mal nach rechts, mal nach links gewandt sind und Luisa jeweils einen Platz weiter im Kreis tanzt, immer zwischen zwei anderen Frauen ankommend.

Bevor wir mit Champagner anstoßen, singen wir:
»Come drink deep ...« von Carolyn McDade.

Der Kreis wird geöffnet. Es folgen Umarmungen, Strahlen, Lachen. Eine Tafel wird hergerichtet, jede hat ihren Teil an den überwiegend roten, aber auch weißen, schwarzen und rosa Speisen beigetragen. Zusammen mit der liebevollen Deko entsteht ein Meer aus diesen Farben.

Als der erste Hunger gestillt ist, wird gefragt nach den Erzählungen. Ich beginne, den Bericht meiner Oma und Mutter vorzulesen, es entspinnen sich Gespräche. Fragen, Antworten, vergessene Einzelheiten tauchen wieder auf, andere Frauen lesen ihren Beitrag. Es wird unglaublich viel gelacht, und dieses Lachen spannt den Bogen zu den Tränen, die in der Anfangsrunde Ausdruck von Be-Rührung waren. Es scheint, wir haben etwas Verbindendes und Heilendes wiedergefunden.

*Alle Rechte bei Heike Panten

**Carolyn Hillyer; aus »Haus der Frauen. Rituale für den Weg durchs Leben«; Labyrinth 2000.
Übersetzung aus dem Englischen von Gisela Ottmer

## FrauenBilder - FrauenKörper
Sachbücher & ebooks

KOSTBARE
GRÜNBRAUNBLAU
GESPRENKELTE
STERNE
Eine Liebeserklärung
an den Körper
Lili Stollowsky
Broschur, 140 Seiten
ISBN 978-3-938580-07-3

Unser Körper ist ein Wunder. Ein aus Abermilliarden von Zellen zusammengefügtes Wunder. Er ist unser bester Freund, der uns täglich begleitet und der Einzige, der uns bis zum Tod nie verlassen wird. Warum ihm nicht Liebe und Aufmerksamkeit schenken, einfach durch Hinhören – Lauschen – Zuwenden, mit einem kleinen Liebesgebet an die Augen, den linken kleinen Zeh und die synaptischen Endknöpfchen.

DEIN KÖRPER IST
EIN WEISER COACH
Körperorientiertes Coaching
im Beruf
Angelika Koppe
Kart.; 80 Seiten
ISBN 978-3-938580-00-4

Körperorientiertes Coaching bezieht die Körper-Intelligenz und das gespeicherte Körper-Wissen als richtungsweisende Qualität in den Coachingprozess mit ein. Im Dialog mit dem Körper konzentriert sich das Koppe-Coaching dabei auf die Anforderungen der Arbeitswelt und wie berufliche Vorhaben mit Zustimmung des Körpers umgesetzt werden können.

GOODWIFES
KARRIEREFRAUEN UND
ANDERE HELDINNEN
Frauenbilder in der
Filmgeschichte Hollywoods
Robin Britta Georg
Broschur, 140 Seiten
ISBN 978-3-938580-08-0

Frauen lesen nicht nur mehr Bücher, sie gehen auch häufiger ins Kino. Wie in den Frauenbildern der Mainstream-Filme *Weiblichkeit* konstruiert wird, zeigt die Reise durch die Filmgeschichte Hollywoods.
Mit kritischem Blick beleuchtet Robin Britta Georg die von der Stummfilmzeit bis in die neunziger Jahre hervorgebrachten Stereotype und hinterfragt die sich wandelnden Handlungsspielräume filmischer Protagonistinnen nach ihrer Realität mit den Lebenssituationen der Frauen von heute.

APPARTEMENT 102
OMARSKA
Ein Zeitzeugnis
Jadranka Cigelj
Kt.; 240 Seiten
ISBN 978-3-938580-11-0

Appartement 102 war der Raum im KZ Omarska, in dem Jadranka Cigelj mit siebzehn weiteren Frauen acht Wochen gefangen gehalten und gefolter wurde. Schonungslos offen schildert sie das tägliche Leben und Überleben in einer entmenschlichten Wirklichkeit. Und sie erzählt vom trotzigen Kampf der Frauen, auch an diesem Ort in sich ein menschliches Antlitz zu bewahren.

FrauenBilder - FrauenKörper
www.diametric-verlag.de

GEBÄRMUTTER-ENTFERNUNG!?
Organerhaltende Operationsmethoden bei Erkrankungen der Gebärmutter
Eine Entscheidungshilfe für betroffene Frauen
Jörg Keckstein
September 2007
ISBN 978-3-938580-05-9

Die Gebärmutter ist mehr als nur ein Reproduktionsorgan. Trotzdem ist die Hysterektomie noch immer einer der gynäkologischen Eingriffe, der am häufigsten ohne eindeutige medizinische Notwendigkeit vorgenommen wird. Gerade beim Auftreten von Myomen wird Betroffenen oft vorschnell zu einer Entfernung der Gebärmutter geraten. Patientinnenorientiert informiert Jörg Keckstein über die unterschiedlichen Diagnoseverfahren und Organerhaltenden Operationsmethoden bei einer Gebärmuttererkrankung, und wann eine Organentfernung angezeigt ist.

DIAGNOSE MORBUS CUSHING
Überleben um zu leben
Erfahrungsbericht einer Betroffenen
Doris Gruber
Broschur, ca. 140 Seiten
ISBN 978-3-938580-10-3

„Morbus Cushing ist eine eigenwillige Krankheit. Sie hatte ihre schillernden Facetten ausgebreitet, über deren Originalität ich auch heute nur selten lachen kann. Sie hat mein Leben zunächst nur gefärbt, dann vergiftet und es schließlich vollkommen beherrscht."
Welche Stationen auf diesem Weg mit Morbus Cushing lagen, erzählt dieser Erfahrungsbericht, in dem die Aspekte der Selbsthilfe und des Krisenmanagements eine zentrale Bedeutung erhalten. Denn Wissen und Mitreden helfen dabei, die eigene Handlungsfähigkeit und Würde aufrechtzuerhalten, in einer Situation, die oft genug als beängstigend und verzweifelt aussichtslos empfunden wird.

MUT ZUR SELBSTHEILUNG
Innere Körperreisen und Visualisierungen nach der Methode Wildwuchs
Angelika Koppe
Kart.; 174 Seiten
ISBN 978-3-9805677-7-0

Angelika Koppe entwickelte eine körperorientierte Visualisierungsarbeit speziell für Frauen.
Innere Körperreisen an den Ort der Erkrankung lassen Bilder entstehen, durch die die seelische Dimension einer Körperbeschwerde für die Betroffenen visuell erfahrbar wird. Konkrete Beispiele aus der Visualisierungsarbeit mit Erkrankungen, wie der Endometriose, zeigen, dass *Wildwuchs* eine erlernbare Methode ist, die Mut macht, auf die Sprache des Körpers zu hören und sich den Selbstheilungsprozessen anzuvertrauen.